授業UD新論

菊池哲平 著

UDが牽引する
インクルーシブ
教育システム

東洋館
出版社

まえがき

本書の目的は、これまでの日本のインクルーシブ教育のあり方を再考し、通常学級※1における授業のユニバーサルデザイン（授業ＵＤ）の取り組みを中心としたインクルーシブ教育システムを構築するための理論的枠組みを検討していくことにあります。特別支援教育が２００７年度に開始されて以来、通常の学級に在籍する発達障害のある子どもへの支援の充実は学校現場の喫緊の課題であり、授業ＵＤはそうした現場のニーズに応える形で大きく発展してきました。２０１６（平成28）年には一般社団法人授業ＵＤ学会が設立され、その学会誌である『授業ＵＤ研究』が創刊されるなど、全国的な展開がなされるようになりました。ある意味、〝ブーム〟と呼べるような盛り上がりをみせています。

一方で、授業ＵＤが拡がりをみせるにつれ、その実践の中には必ずしも授業ＵＤの理念を体現していないような「質の悪い実践」も散見されるようになりました。特に校内研究などで授業ＵＤを

※1　本来は「通常の学級」と記載すべきですが、本書ではこの用語が頻出しますので「通常学級」と記載します。

テーマとして取り組んできた学校の研究発表会に伺うと、本来であれば授業ＵＤは多様な子どもたちの実態に合わせて柔軟に展開されるべきなのに、「とにかく授業では視覚化・共有化・焦点化の手立てを取りましょう」など、授業ＵＤの理念や子どもの実態とはかけ離れて、授業ＵＤの手立てだけが独り歩きしているような実践も見るようになりました。こうした質の悪い実践に触れてしまった方でしょうが、「授業ＵＤは教師の自由な発想をしばる」「画一化教育につながる」など授業ＵＤに対する批判もされるようになりました。いうまでもなく、これらの批判は授業ＵＤの取り組みに対する誤解から生じているものですが、こうした批判を放置することなく、授業ＵＤの本質は何なのかをきちんと整理して伝えていかなければ、「悪貨は良貨を駆逐する」ように質の悪い実践が跋扈してしまうことになりかねません。

私は、授業ＵＤは一過性のブームで終わらせて良いものではなく、特別支援教育の根幹に位置付けるべき取り組みであり、授業ＵＤがいかに学校現場、特に通常学級担任に根付いていくかどうかが、今後の日本のインクルーシブ教育のあり方に大きく影響を与えると考えています。さらにいえば、特別支援教育に限らず、文部科学省が目指す「個別最適な学びと協働的な学びの一体的充実」といった現代的教育課題についても、授業ＵＤが果たす役割が大きいと考えています。

本書ではこれからの授業ＵＤの展開、特に日本のインクルーシブ教育システムの中で授業ＵＤが果たすべき役割について論じていきます。第Ⅰ部「システムとしての特別支援教育を再考する」では、現在（2023年）の特別支援教育の現状と課題を整理し、またインクルーシブ教育システムとは何か、その基本的な理念について解説を行います。それを受けて第Ⅱ部「インクルーシブな学校システムのカタチ」では、実際に通常学級をどのようにインクルーシブにしていくのか、授業UDの取り組みを中心として論じていきます。本当のインクルーシブ教育を実現するために、今、私たちが取り組むべきことは何なのか、現実的な答えを探っていきたいと思います。

本書はいわゆる授業UDのハウツー本ではありません。また授業UDやインクルーシブ教育の理念を抽象的・観念的に論ずるものでもありません。私たちが、インクルーシブな社会を目指すための現実的な学校現場での取り組みとして授業UDが何故必要なのか、また授業UDの取り組みにはどのような意味があるのか、実践する上で身につけておくべき考え方や理論などを解説することが本書のねらいです。また筆者による授業UDの効果に関する研究を紹介しながら、エビデンスに基づく授業UDの意義について考えていただければと思っています。授業UDが目指すものは何か、それを正しく理解してこそ、みなさんの授業UDの実践はより深まっていくはずです。

また通常学級で授業UDを展開するとともに、障害のある子どもたちに特化した教育の場である通級や特別支援学級、特別支援学校などについても、その役割を明確化していくことが必要です。本書では、これからの通級や特別支援学級・学校のあり方についても併せて論じていくことで、日本のインクルーシブ教育システムをどのように構築すべきかを再考していきたいと思います。

まず第Ⅰ部では、特別支援教育を取り巻く現状やこれまでの歴史的経緯を踏まえて、インクルーシブ教育とは何かについて改めて整理していきます。そして第Ⅱ部では、インクルーシブな学校システムを作るために鍵となる授業ＵＤの理論についてや、通級、特別支援学級や特別支援学校が果たすべき役割について論じます。さらに第Ⅲ部では、これからの日本のインクルーシブ教育のあり方について、「個別最適な学びと協働的な学びの一体的充実」という令和の日本型学校教育の流れの中でどのように位置付けるか、新時代のインクルーシブ教育システムについて考えていきたいと思います。

＊本書では本文中の引用・参考文献はＡ、Ｂ、Ｃ……と表記して、巻末にリストをまとめています。

目　次

Ⅱ　インクルーシブな学校システムのカタチ

III 新時代の学校教育とインクルーシブ教育

I

システムとしての特別支援教育を再考する

1　特別支援教育の現状

文科省調査の「8・8%」の衝撃

２０２２年12月13日、文部科学省は「通常の学級に在籍する特別な教育的支援を必要とする児童生徒に関する調査結果（令和４年）」[A]を公表しました。この調査は10年毎に実施されるもので、前回は２０１２（平成24）年[B]、その前は２００２（平成14）年[C]に行われており、通常学級における特別支援教育のあり方に大きな影響を与えてきました。これまでの調査は小中学校の通常学級に在籍する児童生徒が対象で、２００２年の調査では6・3%、２０１２年では6・5%と大きな変化がなかったのですが、２０２２年は8・8%と2・3ポイントと大きく上昇しました。また２０２２年の調査から高等学校も対象になり、高校では2・2%という結果が示されました。

この調査結果は翌日マスコミでも大きく報じられました。大手の新聞社は「発達障害の子　8・8%」「1クラスに3人該当」などの見出しをつけ、ＮＨＫのニュースでも「発達障害の可能性がある小中学生は学級に8・8%」と伝えていました。中には現在では発達障害のある子どもが増加傾向に

表　文部科学省調査の推移

	学習面又は行動面で著しい困難を示す	学習面で著しい困難を示す	行動面で著しい困難を示す	学習面と行動面ともに著しい困難を示す
2002（平成14）年調査	6.3%	4.5%	2.9%	1.2%
2012（平成24）年調査	6.5%（6.2～6.8%）	4.5%（4.2～4.7%）	3.6%（3.4～3.9%）	1.6%（1.5～1.7%）
2022（令和4）年調査	8.8%（8.4～9.3%）	6.5%（6.1～6.9%）	4.7%（4.4～5.0%）	2.3%（2.1～2.6%）

あり、その原因として「活字を読む機会や会話の減少などの生活習慣や環境変化による影響」が考えられるなどの報道もありました。しかしながら私を含む多くの専門家は、この調査が示している結果を各種メディアが報じているように解釈することは問題があると考えています。

「8・8％」が意味すること

調査結果が示す8・8％という数値が意味することを正しく理解するためには、具体的な調査方法について詳細に把握しておかなければいけません。厳密にいえば、2002年と2012年、2022年で調査方法が若干変わっていますので、単純な比較はできないとされていますが、少し整理しながら説明したいと思います。

まずは対象です。第1回目の2002年の調査では、全国5地域の公立小学校・中学校から370校が抽出され、4万1579人が対象となりました。2回目の2012年の調査からは全国の公立小中学校に対象が拡大されました。※2 層化三段確率比例抽出法と呼ばれる、市郡規模と学校規模で偏りがないように抽出された各600校から、各学年1学級が無作為に抽出され、さらにその学級から男女5名ずつ合計10名の児童生徒が抽出される、という手続きになりました。これは科学的・統計的な調査を行う上で非常に重要な方式で、妥当なものだと思われます。2022年の調査でも同一の手続きが引き継がれました。2012年調査では合計5万3882人、2022年調査では8万8516人（高校含む）が対象になっています。この数は統計的に分析する上で充分な数と言えます。

重要なのは調査項目です。「学習面」「行動面（不注意と多動・衝動性）」「行動面（対人関係やこだわり等）」の3つが設定されています。「学習面」については「聞く」「話す」「読む」「書く」「計算する」「推論する」の6つの領域毎に各5つ、合計で30の設問があり、それぞれに「0：ない、1：まれにある、2：ときどきある、3：よくある」の4段階で回答してもらうことになります。たとえば「指示の理解が難しい」という項目（「聞く」領域）について、児童生徒一人ひとりについて教師に回答してもらいます。回答に際しては、学級担任と教務主任等の複数の教師で協議したり、担任が記入したものを特別支援教育コーディネーターや管理職が確認したりなど、1名の教師の独断にならないように注意が払われています。

同じように「行動面（不注意と多動・衝動性）」では全18項目（不注意9項目、多動・衝動性9項目）、「行動面（対人関係やこだわり等）」では27項目が設定されています。それぞれの項目につけられた得点を領域毎に集計し、定められたポイントよりも高い得点を示したものを「困難がある児童生徒」としてカウントします。「学習面」では6つの領域のうち1つ以上の領域で12ポイント以上、「行動面（不注意や多動・衝動性）」では不注意または多動・衝動性のどちらかで6ポイント以上、「行動面（対人関係やこだわり等）」では22ポイント以上が基準です。

これらの調査項目は、発達障害のある子どものアセスメントとして利用されている尺度を参考にして作成されています。学習面については「ＬＤＩ－Ｒ（ＬＤ診断のための調査票）」、行動面は「ＡＤＨＤ評価スケール」「高機能自閉症に関するスクリーニング質問紙（ＡＳＳＱ）」から抽出されています。したがって、この調査は主に「発達障害」と関連のある児童生徒の特徴を調べていることは間違いありません。しかしながら、このアンケートで該当した子どもが発達障害かどうかを確定するためには、実際の本人の困り具合やそれまでの生育歴などを本人や保護者から丁寧に聞き取り、最終的には医師のもとで総合的に判断する必要があります。つまりメディアが見出しにつけているような「発達障害児が8・8％」であると断定することはできません。

※2　ただし2012年の調査では、前年に起きた東日本大震災を考慮し、岩手・宮城・福島の3県は対象から外されています。

改めて調査結果の意味を考えてみる

この調査の結果がイコールで発達障害の数を示すものではないということは、調査を行った文科省も協力した有識者会議も当初より述べています。それは調査タイトルにも表れていて、「通常の学級に在籍する特別な教育的支援を必要とする児童生徒」に関する調査とされています。ただし第2回目は「通常の学級に在籍する発達障害の可能性のある特別な教育的支援を必要とする児童生徒」と〝発達障害の可能性のある〟という文言がついていました。第3回目で再び外されたのは、この調査の結果が発達障害の数を示すものであると誤った理解が独り歩きしてしまうことを懸念したものと思われます。

発達障害の数でないとすると、この調査結果は何を示しているのでしょうか。2022年調査の結果である8・8％は、どういう児童生徒のことを指しているのでしょうか。

もう一度、調査項目と手続きに戻って考えてみましょう。この調査はそれぞれの設問に対して担任教師が0～3点の4段階でチェックしていきます。ある意味では、子どもの通常学級での学習や生活における困難に教師が気づいているかどうかを調べているると言えるでしょう。「8・8％の子どもに学習や生活上の困難があると教師が気づいている」と解釈すれば、10年前に比べて割合が増加したのは、教師が子どもの困難により敏感に気づくようになったからである、と言えます。つまり通常学級の8・8％の子どもが発達障害なのではなく、通常学級には「特別な教育的支援が必要であると思われる子ども」が８・８％いる、というのが調査結果の正しい意味なのです。

先生達は子どもの困難に敏感になっている

前回の調査に比べて２・３ポイントの上昇を示したのは、メディアの見出しのような「発達障害が増えている」ことを示しているのではなく、担任の先生達が子どものつまずきや困難感により敏感になったから、と解釈すべきです。２００７年４月に特別支援教育が開始されて以降、徐々に学校現場でも発達障害をはじめとする様々な障害のある子どものことがクローズアップされるようになりました。以前は学習につまずいていたりコミュニケーションを取れなかったりする児童生徒に対して学習態度や性格の問題であると解釈していたのに対し、「あの子は発達障害ではないか」と推測するようになりました。特別支援教育が開始される前は、養護学校や特殊学級を担当している教員を除き、学校現場における発達障害の認知度はかなり低かったと思います。私も特別支援教育開始前に学校の先生達への研修会で講師をした経験がありますが、まずは「発達障害って何？」というところから説明をしたものです。それが今では発達障害という言葉に限らずＡＤＨＤやＬＤ、自閉症やアスペルガーという単語も、職員室で普通に使われる用語として定着したように思います。

逆に言うと、発達障害という概念が教育現場に知られるようになる以前（およそ20年前）は、子どもに対して「何らかの障害があるのでは？」という疑問を持つこと自体が良くないことである、という風潮があったように思います。私も経験がありますが、当時は学校の先生に「担任しているクラスの中に発達障害が疑われる子どもはいませんか」と聞くと「そのような子どもはいません!」という答えが間髪入れずに返ってきたことがあります。現在ではクラスに1名も発達障害が疑われる子どもがいないという状況は（よほど少人数の学級ならばあるかもしれませんが）基本的に考えられません。あるいは「子ども達の能力を疑うなんて教師として不適格だ」というようなことを言われたこともあります。そもそも「障害があるかもしれない」という疑問を持つことが子どもの能力を疑っていることになるのはおかしいのですが、当時はそのような認識だったのです。

それが20年も経たないうちに、先生達の認識は大きく変わりました。むしろ積極的に子ども達のつまずきに気づいて発達障害の可能性を感じ取り、必要があれば特別な支援や配慮を行うことが重要であると認識されるようになったのです。8・8%という数値は、そのような教員の認識の変化を示していると考えられます。

「8・8%」以外にも困っている子どもはいる

現在の多くの教員は「8・8%」という数値は少なすぎると感じるのではないでしょうか。これは先述した調査の方式によるところがあります。文科省の調査は、尺度による総合点で、ある得点以上の値を示した子どもをピックアップしてカウントしています。例えば、学習面の「読む」領域（全

5設問）において、〝音読が遅い〟で「よくある（3点）」がつき、〝文中の語句や行を抜かしたり、または繰り返し読んだりする〟でも3点がついたとしても、その他の3つの設問（〝初めて出てきた語や、普段あまり使わない語などを読み間違える〟〝勝手読みがある〟〝文章の要点を正しく読み取ることが難しい〟）では「まれにある（1点）」しかつかなかった場合は合計9ポイントとなり、基準となる12ポイント以上からは外れることになります。しかし、上記のような9ポイントがつく子どもがクラスに在籍していたら、多くの先生が「読みにつまずきがある」と感じられるでしょう。私の感覚では、おそらく6ポイント以上の得点がついた場合（つまり5設問のうち1つ以上で「ときどきある（2点）」がつく）、先生はちょっと気になる子どもとして認識するのではないかと思います。調査結果の得点分布を見る限り、6ポイント以上の担任が〝ちょっと気になる〟レベルを含めると8・8％の2倍程度、15～17％程度が気になる子どもということになるでしょう。

加えて、この調査は発達障害、しかもLDとADHD、そして自閉症やアスペルガー障害に特化しています。あくまで8・8％というのは通常学級で困難を抱えている子の一部です。いわゆる「境界知能（知的障害とは診断されないものの、全般的な知的発達がゆっくりでボーダーラインに近い状態）」の子どものことは調査されていませんし、あるいは不安障害等の情緒的な問題を抱える子ども、家庭環境に厳しさがある子どものことは分かりません。また最近では外国にルーツがある子どもも増えていて、言語や文化の違いから日本での学校教育に苦労している様子もうかがえます。そのような子どもを含めれば「8・8％」という割合はあくまで氷山の一角であり、実際にはもっとたくさんの子ども達が特別な教育的支援を必要としているということができます。

重要なのは8・8％の子どもが受けている支援の実態

文科省調査が調べているのは、特別な教育的支援を必要とする子どもの割合だけではありません。8・8％に該当する子どもが現在受けている支援や配慮の状況についても調べられています。むしろ調査結果としては、こちらの方が重要だと思います。多くのメディアではインパクトの強い児童生徒の割合についての報道が主で、支援の状況についてはあまり触れられないのが残念でなりません。

調査の結果、8・8％の児童生徒のうち、学校内で支援を受けているのはかなり少数であることが示されています。たとえば「校内委員会で特別な支援が必要と判断されている」のは28・7％であり、通級による指導を受けている児童生徒はわずか10・6％です。特別支援教育支援員の支援の対象になっている割合も13・8％です。教師が子どもの困難に気づいていても、充分な支援体制を作ることができていない状況が垣間見られます。

もちろん2012年の調査に比べると、これらの数値はそれぞれ少しずつ改善しています。校内委員会で判断されている児童生徒の割合は2012年の18・4％から10・3ポイント上昇していますし、通級による指導も3・9％から6・7ポイントの上昇です。また担任教師も指を咥えて眺めてい

表　8.8%の子どもたちが受けている支援（小学校・中学校）

校内委員会において、現在、特別な教育的支援が必要と判断されているか	必要と判断されている…28.7%
現在、通級による指導を受けているか	受けている…10.6%
「個別の教育支援計画」を作成しているか	作成している…18.1%
「個別の指導計画」を作成しているか」	作成している…21.4%
「特別支援教育支援員の支援の対象となっているか（支援員一人が複数の児童生徒を支 援している場合も含む）」	なっている…13.8%
「授業時間以外の個別の配慮・支援を行っているか（補習授業の実施、宿題の工夫等）	行っている…29.1%
「授業時間内に教室以外の場で個別の配慮・支援を行っているか（通級による指導を除 く）（個別指導等）」	行っている…16.0%
「授業時間内に教室内で個別の配慮・支援を行っているか（特別支援教育支援員による 支援を除く）（座席位置の配慮、コミュニケーション上の配慮、習熟度別学習における配慮、個別の課題の工夫 等）」	行っている…54.9%

るわけでもなく、自らの可能な範囲で子どもに支援をしようとしている姿も浮かんできます。「授業時間内に教室内で個別の配慮・支援を行っているか（座席位置の配慮、コミュニケーション上の配慮、習熟度別学習における配慮、個別の課題の工夫など）」の設問では54・9%が「行っている」と回答しており、この数字は先述した校内委員会の判断の数を上回っています。つまり、校内委員会で判断されていなくても、授業時間内に教師が一人でも可能な手立てを自主的に行っている、ということになります。

しかしながら控えめに言っても、現状として、とても特別な教育的支援を必要とする子どもへの支援が充実しているとは言い難いでしょう。8・8%に該当する子ども達でも多くがほとんど支援を受けられていない状況ですので、8・8%にカウントされていない「ちょっと気になる子」や、調査の対象になっていない特別な教育的支援が必要な子どもは、もっと厳しい状況であることは言うまでもありません。

特別支援学級や特別支援学校に在籍する子どもは増え続けている

特別支援教育の現状を考える上でもう1つ考えなければならないことは、特別支援学級に在籍する児童生徒数が増加し続けていることです。特別支援教育が開始された2007年度の特別支援学級の在籍児童生徒数は小学校・中学校を合わせて11万3377人だったのに対して、2021年度は32万6457人と約3倍に増加しています。これは小中学校全児童生徒数の3・4％に当たります。障害種別ごとに見ると、自閉症・情緒障害学級の増加が著しく、ついで知的障害学級が緩やかに伸びています。2007年から2021年で自閉症・情緒学級は約4・4倍に、知的障害学級は2・2倍に児童生徒数が増加しています。

特別支援学級だけでなく、特別支援学校在籍児童生徒数も増加し続けています。2012年度の特別支援学校小学部・中学部の在籍児童生徒数は5万8285人だったのに対して2021年度は7万9625人と1・3倍に増加しています。これは全児童生徒数の0・8％に該当します。その一方で、特別支援学校に在籍する重複障害の児童生徒数はほぼ横ばいで、重複障害のある児童生徒の割合はむしろ下がっています（2007年：42・5％↓2021年：31・8％）。つまり在籍児童生徒数が増えた分、これまでより軽度の子どもが入学する割合が増えています。

結局のところ、通常学級で学習面や行動面に困難を生じている子どもがより手厚い支援を求めて特別支援学級へ移籍し、以前は特別支援学級にいた子どもが特別支援学校に通うようになってきている、と推察されます。

かなり大雑把にまとめてしまいますが、現在、特別な教育的支援を必要とする子どもは通常学級に8・8％、特別支援学級に3・4％、特別支援学校に0・8％在籍しています。合わせると13％です。もちろんこの中には先述した「ちょっと気になる子」や発達障害以外の問題を抱える子どもは入っていません。

出生数の低下に伴い全児童生徒数が減少し続けている中で特別支援学級や特別支援学校の児童生徒数が増加し続けているのは、ある意味では障害のある子どもに手厚い支援を与えられるようになった、と言えるのかもしれません。もちろん、これまで障害が見過ごされ放置されてきた子どもに、特別支援学級や特別支援学校で障害の特性や発達状況に合わせた教育を受けることができるようにすることは重要なことです。その一方で、特別支援学級や特別支援学校が増加しているのは、それまで通常学級にインクルーシブされていた子どもが、エクスクルーシブされていることも意味します。

このまま特別支援学級と特別支援学校が増加し続けたら？

ちょっとした未来予測をしてみましょう。特別支援教育が開始された2007年度から2021年度までの過去15年間分のデータを元に2038（令和20）年度の特別支援学級・特別支援学校[※3]の在籍者数を予測してみます。特別支援学校はこの15年間、年平均で児童生徒数が2・1％ずつ増加してきました。このままのペースで増えていくと2021年度に7万9625名だった在籍者数は2038年度には11万3643名（95％信頼区間：8万3051～14万4234名）に達します。さらに特別支援学級は年平均7・3％ずつ増加していますので、このままのペースだと2038年度に73万7032名（95％信頼区間：58万796～89万3267名）と2021年度の約2・25倍の児童生徒が特別支援学級に在籍することになります。

特に増加が大きい特別支援学級を障害種別ごとにみてみると、知的障害学級はこれまで年平均で5・4％増ですが、自閉症・情緒障害学級は10・3％増と大きく伸び続けています。このままのペースで増えていけば、2021年度では知的障害学級と自閉症・情緒障害学級の在籍児童生徒数には大きな差がありませんが、2038年度になると自閉症・情緒障害学級と知的障害学級の差は約1・4倍にまで拡がります。特別支援学級の増加は自閉症・情緒障害学級によるものが大きいと言えます。

少子化の影響で全児童生徒数は減少が続いていますので、特別支援学校や特別支援学級の児童生

表　2038年度の特別支援学校・特別支援学級在籍児童生徒数の予測

	全児童生徒数（小＋中）	特別支援学校（小・中学部）	特別支援学級		
				知的障害学級	自閉症・情緒障害学級
2007（平成19）年度	1074万7426名	58,285名 在籍率：0.54%	113,377名 在籍率：1.05%	66,717名	38,001名
		↓年平均2.1%増	↓年平均7.3%増	↓年平均5.4%増	↓年平均10.3%増
2021（令和3）年度	951万1660名	79,625名 在籍率：0.83%	326,457名 在籍率：3.4%	146,946名	166,323名
2007～2021年度の伸び率が今後も継続した場合					
2038（令和20）年度予測値	787万8290名（下限;7434479名、上限;8322100名）	113,643名（下限;83051名、上限;144,234名）在籍率：1.4%	737,032名（下限;580,796名、上限;893,267名）在籍率：9.4%	298,637名（下限;236967名、上限;360,307名）	421,224名（下限;314,722名、上限;527726名）

2038年度の予測値は伸び率から筆者が計算

＊予測値の括弧内は95%信頼区間、小数点以下切り捨て

徒数が増えるということは、在籍率の上昇はもっとハードになります。２０２１年度の全児童生徒数は９５１万名であり、特別支援学校の在籍率は０・８３％、特別支援学級は３・４％でした。これが２０３８年度には全児童生徒数が７８７万名にまで減少する見込みで、先ほどの予測数を入れて計算すると、特別支援学校の在籍率は１・４％、特別支援学級は９・４％にまで上昇することになります。合計すると10・8％です。10人に1人が特別支援学校・特別支援学級に在籍することになるのです。

この在籍率をもとに学級数がどうなるかを考えてみます。標準法に基づく学級編制の基準[※4]を元にして、たとえば各学年１００名、６学年で６００名の子どもの

※3　小学部及び中学部段階の児童生徒数。

※4　通常学級は1クラス35名、特別支援学級は1クラス8名で計算しています。

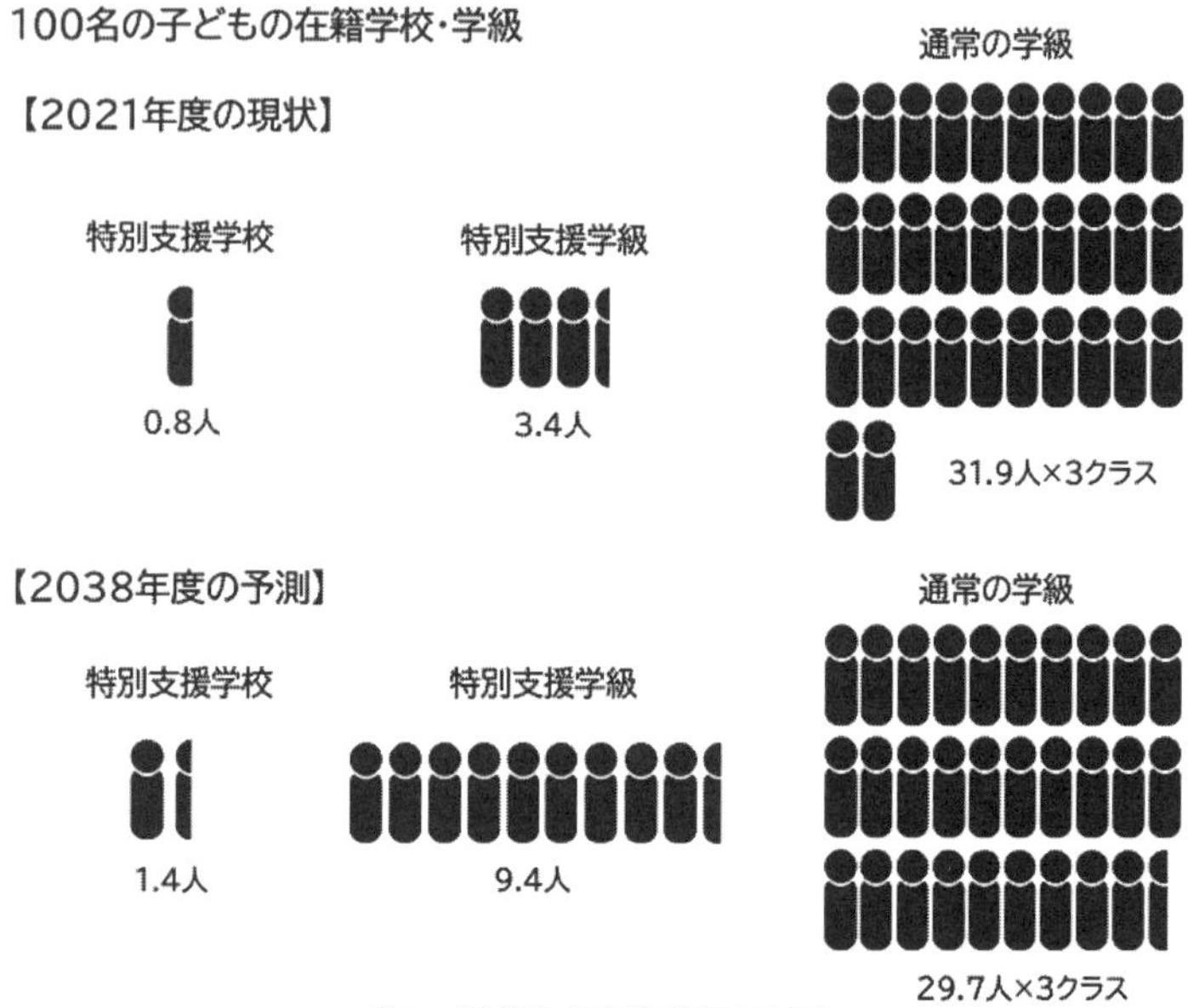

図　予想される在籍率の変化

在籍学校・学級を計算します。２０２１年の時点では、６００名のうち約５名が特別支援学校に通い、残りの５９５名が小学校に通っています。そのうち約20名が特別支援学級に通い、９名が知的障害学級２クラス、10名が自閉症・情緒障害学級２クラス、１名がその他の障害種別の特別支援学級で学んでいます。残りの５７５名は通常学級に在籍し、各学年３クラスで１学級あたり31～32名で構成されます。学級数は通常学級３クラス×６学年＝18クラス、特別支援学級が５クラスで合計23学級となります。

２０３８年度には学級数はどうなるでしょうか。６００名中８・４名が特別支援学校に通い、56・４名が特別支援学級に在籍します。特別支援学級の内訳は知的障害学級に22名で3クラス、自閉症・情緒障害学級に32名で4クラス、その他の学級種別に1名が在籍します。通常学級は535名となり、1クラスあたり29.7名で構成されます。学級数は通常学級18クラスに特別支援学級が8クラスと合計26学級となります。特別支援学級数が3学級増加しますので必然的に必要教員数が増えることになります。教員のなり手不足が深刻な状況の中で、このまま特別支援学校や特別支援学級に在籍する児童生徒が増えることは、イコールで教員不足に拍車をかけることにつながるのです。

もちろん、あくまでこれまでの増加率が今後も続く場合という仮の条件ですので、予測通りの数字には可能性もあります。「こんなに在籍率が高くなるはずがない、そろそろ頭打ちになるはず」という意見もあるでしょう。ただし、私自身は何も手を打たない限り、予測値が示す程度の在籍率まで上昇するのではないかと考えています。その根拠の1つは、信州大学の本田秀夫先生が2023年に発表した研究[D]です。この研究では2021年に長野県と山梨県にある幼稚園・保育所に在籍している3~5歳児1万354人のデータを調べています。その結果、全体の4.4%にあたる457名の子どもが神経発達症群の診断を受け幼稚園・保育所に伝えていました。さらに発達障害の診断を受けているかどうかは分からないが、教師(幼稚園教諭・保育士)が発達上の懸念があると考えている子どもは1274名(12.3%)に上りました。すなわち合計16.7%の子どもに発達に懸念があったことになります。この研究結果を鑑みれば、特別支援学校と特別支援学級の在籍率が合わせて

10・8%という数値も決して大げさな数字ではないと言えるでしょう。

この特別支援学校と特別支援学級に在籍する児童生徒が増加しているということを「障害のある子どもへの教育・支援が充実してきたことの表れ」とすることもできるでしょう。特に一昔前と違う点は、特別支援学校への就学や特別支援学級への移籍に保護者の多くが積極的である、ということでしょう。以前は（特別支援教育に移行する前は特に）学校側が子どもの様子などから養護学校や特殊学級への移籍を提案しても保護者が拒否することは珍しくありませんでした。養護学校や特殊学級への心理的抵抗感が強かったのです。それが現在では、多くの保護者が「我が子に障害がある（特別なニーズがある）ならば、支援が充実したところで教育を受けさせたい」という前向きな考えで積極的に特別支援学校や特別支援学級を選択されます。中には「なんとなく不安だから、低学年のうちは特別支援学級が良いと思う」という保護者もいて、心理的抵抗感がなくなっていると感じます。私もそのこと自体は良い方向に進んでいると感じています。

しかしながらインクルーシブという観点から言えば、特別支援学校・特別支援学級が増加し続けているという事実は「通常学級での支援が足りていない」状況があることを示しています。そして次節に説明する国連からの勧告では、まさにそのことが指摘されているのです。

2　「インクルーシブ教育システム」の現状と課題

国連からの勧告

２０２２年９月に国連の障害者権利委員会が日本に対して〝障害児を分離した現在の特別支援教育の中止を要請した〟と報じられたニュースは我が国の多くの教育関係者に衝撃を与えました。この勧告は日本が２０１４（平成26）年に批准した障害者権利条約（正式名称：障害者の権利に関する条約）の履行状況に関する審査結果を受けて示されたものです。障害者権利条約では批准国にインクルーシブ教育の実現を目指すことが求められており、日本はそのための施策が十分ではないということが指摘されたのです。同年12月の文科省調査結果の報道と合わせて、特別支援教育のあり方が大きく問われることになりました。

この国連勧告に関する報道でも、各種メディアは「国連、分離教育の中止を要請」「支援学校・支援学級の廃止を勧告」などの衝撃的な見出しを打ち出し、日本が国際的な潮流から著しく遅れているかのような印象を与える記事が踊りました。ＳＮＳ等でも保護者や教育関係者を中心にインクルーシブ教育を推進することの是非が議論になっています。

　実はこの問題を議論するためには、そもそもインクルーシブ教育とは何かについて。基本的な事柄を正しく理解しておくことが必要です。一部の報道やＳＮＳの主張は、インクルーシブ教育についての正しい理解がないまま行われていることが多く、そのことが多くの誤解や極端な主張につながっているように感じます。

そもそもインクルーシブ教育とは何か

　インクルーシブ教育とは、１９９４年にユネスコが出した「サラマンカ宣言」において提唱された考え方です。スペインのサラマンカにおいて開かれた「特別なニーズ教育に関する世界会議（World Conference on Special Needs Education）」において、障害のある子どもを含めた万人のための学校が提唱されたことが最初になります。サラマンカ宣言の理念をもとに、２００６年12月の国連総会で採択された「障害者権利条約」では各国がインクルーシブ教育を推進することを義務として明示することに至ったのです。

　ここで誤解されやすいのは、インクルーシブ教育と統合教育（インテグレーション）の違いです。サラマンカ宣言以前から、障害のある子どもを一般の子どもたちと一緒に教育するべきであるという考え方は提唱されており、それらは統合教育あるいは「共生共学」という理念で主張されてきました。障害のある子どもたちは盲・聾・養護学校や特殊学級で一般の子どもたちから分離された特殊な教育を施されているため、共に育ち合い学び合うためには障害のある子どもも通常学級に在籍すべきである、という主張です。

この統合教育の考え方には以前から多くの反論がなされてきました。それは障害のある子どもを通常学級に在籍させたとしても、障害のある子どもにとって有効な学習にはならない可能性が高い、ということです。障害のある子どもが抱える特別な教育的ニーズを通常学級では満たすことができないし、むしろ盲・聾・養護学校や特殊学級で障害特性に合わせた教育を実施する方が子どもの成長を期待することができる、すなわち「発達保障」が可能である、という主張です。

概ね1980年代までは、統合教育推進の立場と発達保障の立場の二元論的な論争が行われてきました。この時代に両者の間隙を埋めてバランスをとろうとした試みが、現在も続いている交流及び共同学習の取り組みです。交流及び共同学習の最初は1969（昭和44）年の「交流教育」に関する文部省の特殊教育総合研究調査協力者会議による報告[E]に遡ります。「心身障害児に対する教育は、その能力・特性等に応じて特別な教育的配慮のもとに行われるものであるが（中略）心身障害児の個々の状態に応じて、可能な限り普通児[※5]とともに教育を受ける機会を多くし、普通児の教育から

※5　原文ママ。

ことさらに遊離しないようにする必要がある。」と示され、発達保障と統合教育のバランスをとろうという意図がうかがえます。その後、交流及び共同学習と呼び名が変わり、学習指導要領においても取り組むことが明記され、現在でも盛んに実施されています。

インクルーシブ教育と統合教育の違いとは

サラマンカ宣言によって打ち出されたインクルーシブ教育は、それまでの統合教育とは理念的に異なります。統合教育では通常学級に障害のある子どもを受け入れるものの、基本的に通常学級のあり方自体は変えることはせず、あくまで障害のある子どもが通常学級の教育を受けることを主目的とします。もちろん統合教育においても障害のある子どもが抱える特有のニーズには対応しますが、基本的な通常学級のあり方は変えない範囲で、ということになります。

一方、インクルーシブ教育は通常学級のあり方を柔軟に変更します。インクルーシブは「包摂する」という意味であり、障害のある子どもと障害のない子どものどちらも包摂するために、それまで障害のない子どものためのものとして作られていた通常学級のあり方自体を変えていくことが求められるのです。本来、障害の有無にかかわらず子ども一人ひとりが抱える教育的ニーズは異なるはずであり、全ての子どものニーズを包摂することが通常学級では求められるはずです。そのためインクルーシブ教育が目指している通常学級は、統合教育が目指していた通常学級とは異なるものになるはずです。

このようにインクルーシブ教育と統合教育は異なるものなのですが、国連勧告に関する報道やSNS上の議論を見ていると、インクルーシブ教育と統合教育を混同したまま意見を主張している例が多く見受けられます。たとえば「どんなに障害が重くて授業についていけなくても全ての子どもが通常学級で学ぶべきである」という意見は明らかにインクルーシブ教育を統合教育と同一のものとして扱っています。また「通常学級では障害のある子どもに有効な学習をさせることは難しいから特別支援学級や特別支援学校に通うべきである」といった逆の意見も、通常学級のあり方を変えようとはしておらず、インクルーシブ教育と統合教育の区別がついていないと言えます。残念ながら現在の学校教員の中にも、両者の区別がついておらず同義の意味で使っている先生もいらっしゃいます。

フル・インクルージョンと部分インクルージョン

もう1つ、インクルーシブ教育を議論するにあたって理解しなければならないことがあります。それはインクルーシブ教育には「フル・インクルージョン」と「部分インクルージョン」の2つの形態があることです。

フル・インクルージョンとは、その名のとおり「完全な包摂」を意味します。つまり全ての子どもたちを通常学級で学ばせ、特別支援学級や特別支援学校などの分離した場所を作らない教育システムのことを指します。もちろんインクルーシブ教育ですので、統合教育とは異なり通常学級で障害のある子どもなど特別な教育的ニーズを抱える場合には、様々な支援や配慮を受けることを可能にしていきます。世界で唯一フル・インクルージョンを実現した教育システムを実施している国としてイタリア[F]が有名です。イタリアでは通常学級の児童生徒数は25名程度と規定されており、障害のある子どもが在籍する場合は定数が20名に軽減されます。また学級担任のほかに支援教師（支援担任）が加わり、チームで対応することでフル・インクルージョンを実施しています[※6]。

一方で部分インクルージョンとは、障害のある子どもと障害のない子どもが共に学ぶことを原則としますが、障害のある子どもが抱えるニーズによっては、その特別なニーズを満たす場を設定することを認める教育システムのことを指します。つまり、可能な限り通常学級で障害のある子どもが学べるように様々な支援や配慮を提供しながら、場合によって特別支援学級や特別支援学校などの特別な場で学ぶこともある、というものです。この形態のことを「適度な」という意味を込めてモデレート・インクルージョンと呼ぶ場合もあります。

そもそものインクルーシブ教育の理念からすれば、フル・インクルージョンが望ましいということは言うまでもないのですが、実際のところ、フル・インクルージョンを無理に進めるとダンピング（障害のある子どもが何らの配慮もなく学んでしまう状態）を生じさせてしまう可能性を孕んでいます。

障害のある子どものニーズを十分に満たすためには、専門性の高い教員を配置することが求められますが、そのための予算や人員確保は一朝一夕でできるものでもありません。そのため多くの国ではフル・インクルージョンを目指すプロセスの1つとして部分インクルージョンを選択しており、日本もその1つと言うことができます。

日本が障害者権利条約を批准するにあたって、フル・インクルージョンで行くべきか部分インクルージョンで行くべきかについては、2008（平成20）～2010（平成22）年ごろの文部科学省「特別支援教育の推進に関する調査研究者会議」にて議論されています。調査研究者会議においてフル・インクルージョンを進めるべきという意見もあったものの、子どもの将来の自立や社会参加を目指すためには特別な教育の場（すなわち特別支援学校や特別支援学級）での指導が必要であるという意見に押され、当面は部分インクルージョンの形態で進められることになりました。

日本における部分インクルージョンのことを文部科学省は「インクルーシブ教育システム」と呼んでいます。〝システム〟としてインクルーシブ教育を実現するという意味であり、そのシステムには特別支援学校や特別支援学級、通級による指導などの多彩な学びの場が含まれている、という考

※6　イタリアのフル・インクルーシブ教育については『イタリアのフルインクルーシブ教育：障害児の学校を無くした教育の歴史・課題・理念』（アントネッロ・ムーラ著、大内進監修、大内紀彦訳、明石書店、2022年）で詳しく紹介されています。

え方になります。日本政府は障害者権利条約の批准に際し、インクルーシブ教育システムが障害者権利条約におけるインクルーシブ教育の意味とは矛盾しないことを確認しています。

ここで誤解のないように改めて説明するのですが、先述したようにフル・インクルージョンを実施しているのは国際的にもイタリアのみであり、その他のほとんどの国では部分インクルージョンとして日本における特別支援学校や特別支援学級が存在する制度になっています。それでは、2022年9月の国連勧告は何が問題だったのでしょうか。

結果的にインクルーシブが進んでいない状況が問題視された

国連からの勧告には「懸念事項」とそれに対する「強く要請する事項」が示されており、教育に関しては6点指摘されています。問題となったのは、知的障害や心理社会的障害、または医療的ケアなど、より集中的な支援が必要な子どもたちが通常学級への在籍を「拒否」されている実態があり、特別支援学校や特別支援学級に在籍することを余儀なくされている、という指摘です。先述したように、特別支援学校及び特別支援学級の在籍児童生徒数は障害者権利条約批准後も増加し続けており、その状況を鑑みると、むしろ通常学級でのエクスクルーシブ（排除）が進んでいると言わざるを得ないでしょう。つまり日本のインクルーシブ教育システムそのものを問題視しているというよりは、結果として日本のインクルーシブ教育はうまく進んでいないことが問題として挙げられたのです。先述したとおり、日本のインクルーシブ教育システムとは部分インクルージョンの形態ですので、最終的にはフル・インクルージョンへと進んでいくプロセスであるはずです。にもかかわらず実際のところは場を分けた教育である特別支援学級や特別支援学校の在籍数が増え続けていて、部分インクルージョンが固定化してしまっていることが懸念されたのです。

国連勧告では「全ての障害のある幼児児童生徒が合理的配慮と必要な個別的な支援を受けられることを保障するための国家行動計画を策定すること」が求められています。8・8%という数字が示すように、担任教員が子どものつまずきに気づくようになった反面、合理的配慮や個別的支援の提供は後手に回っている実態が2022年12月の調査でも明らかになっています。日本のインクルーシブ教育システムのあり方をもう一度見直す時期に来ているのではないでしょうか。

3 発達障害と特別支援教育

発達障害とは何か

日本のインクルーシブ教育システムのあり方を再考する前に、「障害」とは何かについて今一度考えてみましょう。特にこの問題と切り離せないのが、発達障害という障害をどのように理解するかです。

発達障害とは医学的には「神経発達症／障害群（neurodevelopmental disorders）」と呼ばれる精神疾患カテゴリーの1つです。精神疾患の診断基準や分類は、アメリカ精神医学会が定める「DSM（精神疾患の診断・統計マニュアル）」やWHOが定める「ICD（疾病及び関連保健問題の国際統計分類）」という枠組みに沿って行われます。2023年現在、DSMは第5版であるDSM-5（2013年発行）、ICDは第11版であるICD-11（2021年発行）が最新バージョン[※7]であり、含まれる疾患名が微妙に異なるなど若干の違いがありますが、どちらにおいても神経発達症群として1つのカテゴリーとなっています。なお日本語訳として従来は「disorders」を〝障害〟と訳していましたが、言葉のニュアンス的にネガティブなイメージを生じさせるとして、DSM-5以降は「~症」と訳すことが日本精神神経学会から提案されています。両表記名を併記する場合もありますが、本書では特に断りがある場合を除き、医学的診断名としては「~症」の表記を用います。

この神経発達症群にはDSM-5では以下の7つの疾患が含まれています。

1 知的能力障害群
2 コミュニケーション症群（言語症、語音症、小児期発症流暢症など）
3 自閉スペクトラム症
4 注意欠如・多動症
5 限局性学習症
6 運動症群（発達性協調運動症、チック症群など）
7 他の神経発達症群

このうち、知的能力障害群はいわゆる知的障害に該当します。またコミュニケーション症群には小児期発症流暢症いわゆる吃音が含まれたり、運動症群にチック症が含まれるなど、教育現場では発達障害とは捉えないものが混在しています。医学的診断カテゴリーである神経発達障害と教育現

※7 ただしICD-11は2023年現在、日本国内の導入に向けて作業中。

場における発達障害はイコールではない、ということに留意が必要です。

教育現場における発達障害の概念は、基本的には発達障害者支援法とその関連する法令によって位置付けられています。発達障害者支援法第2条を見てみましょう。

「発達障害者支援法」

第2条　この法律において「発達障害」とは、自閉症、アスペルガー症候群その他の広汎性発達障害、学習障害、注意欠陥多動性障害その他これに類する脳機能の障害であってその症状が通常低年齢において発現するものとして政令で定めるものをいう。

この条文の「自閉症、アスペルガー症候群その他の広汎性発達障害」は法律制定後のDSMの改訂により「自閉スペクトラム症/自閉症スペクトラム障害」に一本化されました。すなわち発達障害者支援法が規定する発達障害とは自閉症スペクトラム障害、学習障害、注意欠陥多動性障害の3つが中心であり、それに加えて政令（施行令、施行規則）で定められる言語や協調運動の障害やその他の心理社会的な発達の障害が含まれることになります。

上記を踏まえて、医学的な診断基準であるDSM-5の神経発達症群と教育現場における発達障害概念の主な違いは以下のように整理できるでしょう。

① 神経発達症群には知的能力障害が含まれているが、教育現場における発達障害概念には知的障害は含まない。ただし、法的な知的障害の判定を受けない境界域の知的発達の遅れ（いわゆる「境界知能」）は含めることがある。

② 教育現場における学習障害は「聞く、話す、読む、書く、計算する、推論する」の6つの能力に関する障害であるのに対し、神経発達症群における限局性学習症は「読字、書字、算数」に関する障害に限定されている。「聞く、話す」はコミュニケーション障害群の言語症や語音症の一部に該当する。

③ コミュニケーション症群における吃音や語音症の大部分（構音障害）は教育現場では言語障害と位置付けられ、発達障害として捉えることはほとんどない。

④ 教育現場ではチックは情緒障害に含め、発達障害として捉えることはほとんどない。ただし医学的診断としてのチックは重症例が中心であり、学校現場におけるチック症状の捉え方自体が異なる。

どうして医学と教育では発達障害概念にこのような違いが生じているのでしょうか。それは教育分野において長年行われてきた特殊教育の歴史が影響しています。特殊教育は戦後に改革された日本の学校教育制度の中で進められてきたのですが、特殊教育は発達障害をその射程に含んだものではなかったのです。発達障害は１９９０年代になってクローズアップされるようになったため、それまでの特殊教育の枠組みにいかに組み込むか工夫した結果、医学的な概念としての神経発達障害群と教育現場における発達障害概念に齟齬が生じてきたのだと言えます。

発達障害の概念は変化し続けている

もともと「発達障害」という用語は1980年代から使用されていたのですが、その時代における発達障害の意味は現在用いられているものとは異なります。およそ1980年代から90年代にかけての発達障害の意味は、読んで字の如く「発達の障害」であり、心身の発達の遅れや偏りを示す言葉でした。したがって知的障害も全般的な知的能力の発達の遅れであり、脳性まひなどの肢体不自由も身体機能の発達の遅れや偏りと捉えれば発達障害に含まれることになり、現在よりも幅広い障害概念として発達障害という用語は用いられていました。

それが90年代に入ると、それまでの知的障害や身体障害とは異なる疾患としてLDやADHD、知的障害を伴わない自閉症・アスペルガー障害のことが知られるようになりました。そのため知的障害や身体障害を含まない新たな障害カテゴリーとしての呼称が必要になり、発達障害が用いられるようになりました。この過程で一時期「軽度発達障害」という呼称が用いられることがありましたが、〝軽度〟という表現が障害からくる困難を軽く捉えさせるという懸念から不適切と判断され、2007年3月に文科省が軽度発達障害という呼称を今後使用しないという通達を出したことを契機に、現在の意味での発達障害という呼称が定着しました。

加えて、発達障害に含まれる各疾患がカバーする範囲自体も大きく拡大し続けています。たとえば自閉症の有病率に関する疫学調査を参考にすると、1960年代には1万人に4・5人(0・045%)[G]とかなり稀な障害でしたが、1980年代に入ると有病率が0・2〜0・3%程度に上昇します[H]。さらに2000年代に入ると1%を超える報告[I]が多くなり、2010年代には2%を超えるという報告が増えてきました。2020年に弘前大学の斉藤まなぶ先生と中村和彦先生たちが行った調査[J]では、3・22%という高い有病率が示されています。

こうした有病率の上昇は、自閉症のある子どもの実数が増えてきたのではなく、時代を追うごとに自閉症の概念がより拡大してきたことが理由です。以前であれば自閉症と診断されていなかった症状が強くない子どもに対し、現在では積極的に自閉スペクトラム症の診断がなされるようになっているのです。なぜそのように概念を拡大させることになったかについては、障害そのものの捉え方が変化したことと関係するため、後ほど解説したいと思います。

いずれにせよ、発達障害という概念は大きく変化し続けており、そのことが医学と教育の分野でその捉え方が異なってしまう要因の1つになっていると言えます。

学校教育では発達障害をどのように捉えてきたのか

それでは学校教育の分野では発達障害をどのように捉えてきたのか考えていきたいと思います。そのためには日本の教育システムにおいて障害のある子どもたちへの教育がどのように進んできたのかを整理する必要があります。

戦後まもない1947（昭和22）年に施行された学校教育法によって、いわゆる「6・3・3」制という新学制が実施されたのと同時に、障害のある子どもに対する公教育である「特殊教育」が開始されました。盲・聾・養護学校という3種類の特殊教育諸学校が制度化され、さらに小学校・中学校及び高等学校には特殊学級を置くことができるとされました。ただし、盲学校と聾学校は1948（昭和23）年度から義務化されましたが、養護学校については義務化されませんでした。現実に養護学校が各地域に徐々に設置され始めるのは昭和30年代に入ってからです。さらに重度の障害者に対しては就学免除・就学猶予の措置が採られ、ほとんどの場合就学が許可されませんでした。1979（昭和54）年に養護学校が義務化されると同時に訪問教育も始まり、どんなに障害が重くても公教育の対象にすることになりました。

盲・聾・養護学校の対象となる障害種は「視覚障害者、聴覚障害者、知的障害者、肢体不自由者又は病弱者」の5つであり、小学校等における特殊学級の対象者は上記の5つに加えて「言語障害者、情緒障害者」の7つです。ここから分かるとおり、長年の間、日本の特殊教育の対象には発達障害が含まれていませんでした。ただし自閉症に関しては１９７９年から「情緒障害者」の一部として特殊教育の対象に含むことになりましたが、当時の自閉症は現在のＤＳＭ－５に示されているような幅広い症候群ではなく、どちらかというと知的障害を合併した重度の人に限られていました。現在のような発達障害のある子どもは特殊教育の対象ではなかったのです。

通級による指導が開始されたことでようやく発達障害が特殊教育の対象に

ＬＤやＡＤＨＤ、知的障害を合併しない自閉症などの発達障害が特殊教育の対象になったのは、１９９３（平成５）年度の通級による指導の開始からです。１９９０年代に入ると、知的障害を伴わない認知面や行動面、社会性の発達に障害のある子どもの存在が知られるようになり、発達障害が社会的にクローズアップされるようになりました。知的障害を伴わないことから基本的には通常学級に在籍しつつ、週に数時間程度、別教室で障害からくる特別なニーズを満たすための指導を受ける制度が求められるようになったため、「通級による指導」が始まったのです。当初、通級による指導の対象は「言語障害、難聴、弱視、情緒障害、肢体不自由、病弱・身体虚弱」と定められたのですが、言語障害や情緒障害の一部として知的障害を合併しない自閉症やアスペルガー障害、ＬＤやＡＤＨＤ児も通級による指導を受けることが実質的に可能でした。

以後、通級による指導の対象となる児童生徒数は増加を続け、通級指導教室の定員はどこも軒並み満杯となり、通級による指導を受けたくても待機せざるを得ない子どもが続出する事態が各地域でみられるようになりました。通級指導教室を新たに開設することが望まれるのですが、そもそも通級を担当する教員が定数化されていなかったことと、通級による指導には高い専門性を必要とすることからなかなか解消されていません。文部科学省は通級による指導の対象となる障害種別を情緒障害から独立する形で自閉症、ＬＤ、ＡＤＨＤを正式に通級による指導の対象にし、さらに通級による指導を担当する教員の基礎定数化を行って通級指導教室の新規開設を促していますが、現状として通級はまだまだ不足しています。２０１８（平成30）年度からは高等学校にも通級による指導が導入されるなど、発達障害のある児童生徒への教育の場としての通級の必要性はますます高まっています。通級による指導が今後インクルーシブ教育の中でどのような役割を果たすべきなのかについては、第Ⅱ部で詳しく論じたいと思います。

特殊教育から特別支援教育へ

さて２０００年代に入ると、発達障害に対する社会的な関心が国際的に高まってきたこともあり、もっと積極的に発達障害への教育的支援を行うことが目指されるようになりました。文部科学省は２００１年にこれまでの「特殊教育」から「特別支援教育」という呼称を採用するようになり、２００２年には初となる「通常の学級に在籍する特別な教育的支援を必要とする児童生徒に関する実態調査」を実施し、通常学級の6・3％の児童生徒が該当するという調査結果を発表しています。これらの取り組みにより特別支援教育への期待が高まり、学校教育法の改正を経て2007年から特別支援教育が正式にスタートしました。

特殊教育と特別支援教育の大きな違いは、通常学級に在籍する発達障害児を対象に加えたことです。それまでの特殊教育は盲・聾・養護学校と特殊学級、そして通級による指導を受けている子どもが対象であり、通常学級とは異なる学びの場で行われるのが特殊教育という位置付けでした。特別支援教育はその垣根を払い、通常学級に在籍する発達障害児に対して通常学級の中で特別な支援を行うことになったのです。加えて特別支援教育では、それまでの特殊教育とは異なり、障害の診断を有しているかどうかについては問わないことになりました。すなわち、発達障害の医学的診断を受けているかどうかにかかわらず、特別な教育的支援に関するニーズを抱えていれば特別支援教育の対象である、と変化したのです。

余談ですが、特別支援教育へと転換して15年余りが経つにもかかわらず、いまだに特殊教育と特別支援教育の根本的な違いを理解せずに両者を混同している方に会うことがあります。たとえば特別支援学校勤務や特別支援学級の担任経験がない教員から「私は特別支援教育の経験がありません」と言われることがあります。通常学級の担任経験しかないという意味なのでしょうが、通常学級でも特別支援教育は行いますので、この発言はおかしいわけです。あるいは私が「特別支援教育を専門にしています」と説明すると、「じゃあ通常学級のことは専門外ですね」と言われることもあります。これらの発言は明らかに特殊教育時代の「通常学級とは異なる場所で行われる教育」をイメージしているのだと思います。

幻の「特別支援教室」構想

この特殊教育から特別支援教育へと転換を図ろうとしている過程で、先述したフル・インクルージョンと部分インクルージョンのどちらを選択するかについて多角的な議論が行われています。その中の1つに「特別支援教室構想」があります。これは特別支援教育ではそれまでの固定的な特殊学級を廃止して全ての児童生徒を通常学級に在籍させて、必要に応じて特別支援教室（仮称）に通って個別指導を受ける、というアイデアです。アメリカにおけるリソースルームの制度を下敷きにしています。子どもによってはほとんどの時間を特別支援教室で指導を受けたり、一部の時間のみ特別支援教室を利用したりといった、子どもの状態に応じた柔軟な運用形態が想定されていました。

この構想は中教審の「特別支援教育を推進するための制度の在り方について（答申）」[K]において示され、実際に研究指定校での試行研究なども行われたのですが、結果として構想は実現せず、現在の特別支援教育の制度に至っています。なぜ特別支援教室構想が実現しなかったのか、その理由は人員の確保や実際の教育課程をどうするかといった課題が山積していることなど多岐に渡りますが、当時の特殊学級に在籍する児童生徒の保護者などから反発があったことも指摘されます。特殊学級を廃止してしまうと、それまで特殊学級に在籍している子どもの居場所がなくなり、子どもの「発達保障」がなされない、という懸念が抱かれたのです。すなわち特別支援教室構想に関する議論はフル・インクルージョンか部分インクルージョンかの選択をする具体的な議論だったのです。

この特別支援教室構想が実現しなかったため、特別支援教育の制度は従来の特殊教育の枠組みを基本的に継承して、通常学級－通級による指導－特別支援学級－特別支援学校といったそれぞれの学びの場を整理する方向になりました。結果的にこのことが現在に至るまで続いている特別支援学級と特別支援学校の在籍者数の増加の大きな要因になっているのではないでしょうか。特別支援教育に転換して通常学級に在籍する発達障害児にフォーカスが当たるようになったものの、基本的な枠組みは従来の特殊教育を引き継いだものであったため、「障害のある子どもは通級を利用したり特別支援学級へ移籍するべき」という特殊教育時代の発想から抜けきれていないように思います。本来の特別支援教育の理念からすれば、通常学級の中でも十分な支援が与えられるべきなのですが、そのための具体的な方策が後手に回ってしまっている状況が重なってしまい、日本のインクルーシブ教育が停滞してしまっているのだと言えるでしょう。

4 障害観の変化

個人モデルから社会モデルへ

インクルーシブ教育システムを考えていく際の重要な視点として、そもそも「障害」という概念をどのように捉えるのかが、現在では大きく変わっていることを理解しておく必要があります。現在では障害を「社会モデル」という枠組みで捉えることが国際的な潮流であり、以前の「医学モデル」（個人モデルと呼ばれる場合もあります）で障害を捉えてしまうと矛盾することが多くなります。特に発達障害を考える場合には、この社会モデルという考え方が絶対的に必要です。

医学モデルでは障害を何らかの疾病・疾患によるものと捉えます。（原因が解明されているかどうかは問わず）何らかの疾患や疾病が医学的に確認され、それにより様々な機能障害や能力障害が生じ、最終的に社会生活にハンディキャップを抱えてしまう、というものです。

一方、社会モデルとは、障害を社会（その人を取り巻く環境やモノ、人など）と個人の相互作用によって作り出されているものと捉える考え方です。医学モデルは、障害を「疾患・疾病↓機能障害↓

能力障害→社会的不利」という一方向的な形でしか捉えていないこと、障害のネガティブな側面を強調し過ぎていることの反省から、障害を疾病・疾患をもとにした個人の特性と、その個人の周囲を取り巻く社会的な環境との相互作用の結果であると考える社会モデルが中心的な考えになっていきました。

例えば、「脳性まひ」という肢体不自由のあるAさんを想定します。Aさんが旅行に行きたい、と考えた場合に、実際に旅行に行くことができるかどうかは本人の能力だけでなく、周囲の環境や配慮・支援の有無によって左右されます。Aさんが四肢まひで車イスによる移動しかできず車イスの操作もAさん1人ではできない、という状態であれば、公共交通機関を利用する通常の方法での旅行は困難です。もしAさんが片まひで公共交通機関を使っての移動が可能であれば旅行に行くことができる、というように本人の障害の状態によって社会生活の困難さが変わってくるのは確かです。

しかし社会生活の困難さは、本人の障害の状態によって決まってくるわけではありません。具体的には車イスを利用せざるを得なくても、利用する駅にエレベーターやスロープなどが完備されていれば問題ありませんし、1人で移動することが無理でも介助サービスが利用できれば旅行は可能です。すなわち周囲の環境整備や配慮の有無によって社会生活への参加が左右されてしまう、ということの方が問題であると考えられます。

このように、障害とは個人の中に内在するのではなく、個人と社会の間に存在するものであると考えるのが社会モデルです。つまり障害は障害のある人を受け入れようとしない社会の側にあると考えるのが社会モデルと言えます。

「障害」？「障がい」？

この社会モデルと医学モデルの違いは、障害の「害」の字を漢字かひらがなのどちらで表記するのかという考え方にも関係してきます。本書でも分かるとおり、私は「障害」と漢字で書くことを常にしていますが、授業等で資料やスライドに「障害」と漢字で表記しているのを見た学生さんが「使ってはいけないのでは？」と質問してくることがあります。学生さんに尋ねると、小中高の時に先生から「害の字を使うのは差別になるのでひらがなで書くように」という指導をされた人が多いようです。

歴史を遡ってみると、戦前の日本では「障碍」と表記していたようです。「碍」の意味は〝妨げ〟とか〝バリア〟という意味で、障碍の語源は仏教用語の「障碍（しょうげ）」から来ているようです。戦後、常用漢字から「碍」の字が外れたため同じ音の「害」の字が使われるようになり、「障害」表記が一般的になりました。以後、「碍」の字を常用漢字に加えようとする動きもあり、文化審議会国語分科会等でも何度も議論がなされましたが、結局見送られてきた経緯があります。

「障がい」表記が増えてきたのは２０００年代に入ってからのようです。この頃から公害や害虫などのように〝害〟の字にネガティブなイメージがあること、「当事者本人が〝害〟ではないのだから」という理由で「障がい」とひらがなで書く動きが始まりました。こうした発想の根底には医学モデルがあります。障害が個人に内在されているという医学モデルで障害者を捉えていたため、「〝害〟と表記されるのは気の毒（可哀想）だ」という発想に至ったと思われます。

こうした医学モデルを背景にした「障がい」表記が広まり、いくつかの自治体で「障がい」表記にするよう定められました（現在20府県で「障がい」表記になっているようです）。2000年代生まれの今の学生さんは物心ついた頃から「障がい」表記を目にしてきたようで、むしろ「障害」表記に違和感を持つのかもしれません。

ところが障害概念が医学モデルから社会モデルに変化してきたことによって、再び「障害」と漢字表記が増えてきています。社会モデルを基に考えると「害があるのは社会の側なのだから、害の字を使うことに問題はない」という考え方になります。むしろ積極的に「障害」を使うことで、社会の側に障害を作っている状況に対して問題意識を持ってもらう方が良い、となります。

ＮＨＫや新聞社などは一貫して「障害」と表記するようにしています。一方で、「障がい」と表記するように公式に定めた自治体では、学校現場でも「障がい」表記を使うことになりますので、子ども達は２つの表記を目にするため、混乱する可能性があります。その際、「害の字を使うのは差別につながるからひらがなで書くように」という一方的な説明・指示ではなく、「なぜ表記が違うのか」を子ども達にきちんと説明して、医学モデルと社会モデルの違いを通して、「障害とは何か」を考えるきっかけにして欲しい、と思います。

医学モデルのメリットとデメリット

さて国際的な潮流は社会モデルであると説明しましたが、実態としては未だに医学モデルで障害を捉えている人が多く、そのことが学校現場における混乱やトラブルにつながっているケースを散見します。どうして依然として医学モデルで障害を捉えてしまうのか、ここでは医学モデルと社会モデルそれぞれのメリットとデメリットを整理しながら考えてみます。

まず医学モデルで障害を捉えることのメリットとして、障害者と健常者を区別しやすく誰が要支援者なのかを明確にできることが挙げられます。医学的な診断基準に従って判定された人が障害者であり、逆に診断基準に該当しない人は健常者である、と線引きすることで役割が固定されるのです。時々「支援を求めるのならまずは医療機関で診断書をもらってきて」という先生がいますが、こうした先生の発想は医学モデルによって障害を理解しているためと考えられます。

さらに、障害者と健常者を明確に区別することは、ある種の道徳観（慈愛の精神、施しの大切さ、など）と結びつきやすく、「健常者→障害者への一方的な支援」を可能にします。そのため障害者への福祉的支援の社会的理解が得やすくなるという利点があるのです。

これら医学モデルのメリットを最大限に利用している例が、毎年夏休みの終わり頃に行われる長時間のボランティアTV特番です。あの特番では障害者が殊更「ハンディキャップを抱えている可哀想な存在」として描かれ、その障害者が自らの障害を乗り越えて何かにチャレンジする様子が放映されます。それを観た視聴者は感動し、障害者の福祉に活かしてもらうべく、小銭を貯めた貯金箱を持って募金に向かうのです。募金は「健常者→障害者」への一方的な支援に他なりません。

一方、医学モデルは健常者と障害者の間に明確な線引きをするため、両者に隔たりを生じさせます。その結果、障害者に対するマイクロアグレッション（自覚なき差別）を生み出す可能性がありあす。医学モデルでは障害者は常に支援を受ける側であり、社会的責務を果たしていない存在と認識されやすく、そのことが「障害者にしては頑張っている」などのマイクロアグレッション的な捉え方につながってしまうのです。

また医学モデルにおける障害者認定は、医学的な疾病や傷病を有しているかどうかによって判断されるため、障害者への支援の基本的考え方は、疾病や傷病のある人に対する医療システムと軌を一にします。すなわち、疾病や傷病があると判断された人が治療に専念するために、社会的責務を免除しようという考え方です。具体的にはコロナやインフルエンザなどの疾病に罹患した場合を想定すると良いと思います。コロナやインフルエンザに罹患した場合、職場で働くなどの社会活動が一時的にできなくなり、勤労などの社会的責務が一時的に果たされなくなります。なるべく早く社会活動に復帰できるように罹患者は治療に専念することが求められるのですが、その間の社会保障（病気休暇や保険制度などの支援）を与えることで治療に専念しやすくする、という考え方が医療システムの根底にあります。つまり、医療システムでは治療専念義務と社会的責務の免除をセットにしてバランスを取るのです。もし疾病や傷病があると判断されて社会的責務を免除されているにもかかわらず、その人が治療に専念していなかったら（インフルエンザで会社を休んでいるはずなのに、街で遊んでいるのを見かけた）、その人は「ズル休み」をしていると認識され、治療が中断されたり周囲の人たちから非難されたりします。

障害者の場合、「治療」は「援助」に置き換わります。つまり障害のために社会活動に参加できない人には、社会的責務（勤労の義務など）を免除して療育やリハビリに専念する代わりに、様々な支援（各種の福祉サービスなど）を提供する、ということになります。ただし、障害は疾病や傷病と異なり一時的なものではないため、様々な援助の提供の引き換えとして、社会から様々な制限が障害者に課せられます。たとえばグループホームなどの障害者施設を新たに開く場合に、正規の手続きを経ているにもかかわらず近隣住民から反対運動が起きて揉めることがよくあります。本来、居住地の自由は憲法で保障されている基本的人権に含まれるにもかかわらず、社会がその人権を制限しようとしているわけです。障害者の基本的人権が制限されているという問題は枚挙にいとまがありません。

社会モデルの考え方では

一方、社会モデルでは障害は社会の側にあるものと考えるため、障害者と健常者に明確な線引きはされず、その人を取り巻く環境（物理的環境や人的環境、サービスの有無）によって障害であるかどうかは変化します。つまり社会のあり方次第で誰が要支援者になるのかは変わってくることになります。

先述した例でいうと、脳性まひのあるAさんが旅行に行きたいと考えた場合に、実際に旅行に行くことができるかどうかは本人の能力だけでなく、周囲の環境や配慮・支援の有無によって左右されます。車イスを利用していても、利用する駅にエレベーターやスロープなどが完備されていれば移動可能ですし、介助サービスを利用すれば旅行は可能です。すなわち周囲の環境や配慮の有無によって社会生活への参加が左右されることになります。

社会モデルの考え方に基づけば、障害のある人の周囲の環境を変えることで社会責務を果たすことが可能になるため、社会参加を制限する必要はありません。むしろ障害があるかどうかを判定する必要もなく、全ての人の人権を尊重して差別されない公正な社会を作ることができれば、障害はなくなると言えるのです。

「合理的配慮」とは

社会モデルでは障害があるのは社会の側ですので、障害のある人の社会参加を促すために周囲の環境を変えることが求められます。そのための取り組みの1つが「合理的配慮の提供」です。合理的配慮の提供については、2016年に施行された「障害者差別解消法」において国・地方公共団体に法的義務として定められたところですが、法律の改訂により2024年4月からは民間事業者も法的義務化されることになっています。

公立学校は国・地方公共団体の機関に該当しますので、既に合理的配慮の提供は法的義務だったのですが、私立学校は民間事業者にあたるため2023年度までは努力義務扱いでした。そのため、合理的配慮に関する学校現場の理解度については、公立と私立で大きく異なっています。私の研究室で2022年に行った調査（小・中・高校教員300名対象）では、合理的配慮について「詳しい内容まで知っている・なんとなく内容を知っている」と回答した教員は公立小学校で80%、公立中学校で79%だったのに対し、私立中学校では67%でした。また高校では公立67%、私立46%と公立と私立で大きく差が生じています。

そもそも「合理的配慮」は「reasonable accommodation」という障害者権利条約に盛り込まれた用語の和訳です。日本語に適した用語がなかったため無理やり当てはめた感があり、元々の意味から考えると、少しニュアンスが異なると言わざるを得ません。

「reasonable」は〝道理をわきまえた、筋の通った、穏当な、妥当な〟という意味があります。そこから派生して「手頃な価格」という意味でリーズナブルという意味に転じることもあります。カタカナ英語としては、そちらのニュアンスの方が強くなっている印象があります。

一方「accommodation」は〝宿泊設備や予約席〟という意味や〝適応や順応〟という意味があります。例えば「Five-star accommodation」は〝5つ星ホテル〟のことを指します。また化学分野等では「accommodation coefficient（〝適応計数〟）」という気体が固体表面に衝突する際に行われるエネルギー交換の度合いを示す量という意味で使われることがあります。それに加えて「accommodation」には「（紛争・論争などの）調整、和解」という意味があり、合理的配慮の場合はこの「調整」という意味で捉える方が適切です。すなわち「reasonable accommodation」とは〝筋の通った調整〟という意味であり、その人が抱える困難を解消するために行う調整というニュアンスが正しいのです。

ところが日本語では障害者に対する「思いやり」的なニュアンスが入る〝配慮〟という訳になってしまったためか、支援者側が一方的に合理的配慮の内容や提供の可否を決めることが少なくないように思います。学校現場でも合理的配慮を求めたら「その配慮は無理」と拒否された、という話をよく聞きます。拒否の理由は様々あると思いますし、やむを得ないケースもあるのですが、本来は調整という意味であることを考えると、頭ごなしに拒否をするのではなく、お互いの合意形成を図るプロセスを大事にしてもらいたいです。

合理的配慮はインクルーシブ社会を作る上で重要なキーワードになりますので、次節でより詳細に説明したいと思います。

特別支援教育の理念は社会モデルのはず

ここまで障害観が医学モデルから社会モデルへと変化してきたことについて説明してきましたが、社会モデルへの変化は学校教育システムにも大きな影響を与えました。先述したように、特殊教育時代の制度は障害の医学モデルに基づいています。一定基準の障害に該当する子どもたちは養護学校や特殊学級に入ることが原則とされ、障害があるかどうかを医学的なアセスメントに基づいて判断し、障害があるならば特殊教育の対象として特別な教育の場で特別な教育を受けることになっていたのが特殊教育時代のシステムです。

それが2000年代に入ると、障害観の社会モデルへと変容したことによって、医学的な診断の有無で判断するのではなく、特別な教育的ニーズがあるならば支援を提供するという考え方へ国際的に移行してきたのです。通常学級に在籍している発達障害のある子どもたちに対して、診断の有無にかかわらず特別な支援を提供する、それが元々の特別支援教育が目指した理念であり、社会モデルを前提にしていたはずなのです。

ところが特別支援教育へと転換するにあたっては、前述したとおり、様々な制度を一度に大きく変えることは困難だったのです。そのため医学モデルに基づいた特殊教育時代の制度に屋上屋を重ねる形で特別支援教育がスタートせざるを得ませんでした。特別支援教育が開始されて通常学級に在籍する発達障害のある子どもにフォーカスが当たるようになったため、教師は子どものつまずきや困難に敏感になっていきました。一方で、実際の支援の枠組みとしては分離教育を前提とした特殊教育時代と大きく変わらないシステムでしたので、通級や特別支援学級の増加が続いている事態を招いているのかもしれません。

２００７年度に始まり15年以上が経過した特別支援教育ですが、未だに障害の有無を医学的なアセスメントによって判断し、障害があるならば特別な場で教育をするという特殊教育時代の発想から完全には脱却できていないように感じています。このままでは日本の特別支援教育は国際的な潮流から取り残されてしまうのではないでしょうか。

5　これからの日本のインクルーシブ教育

まずは多様な子どもたちを包摂するインクルーシブ学級を目指す

特別支援教育の現状を鑑みると、まだまだ日本のインクルーシブ教育には課題が山積していることが分かります。特に通常学級で発達障害のある子どもを支えきれていない現状があり、そのことが特別支援学級の著しい増加につながっています。それは決してインクルーシブな方向ではなく、国際的にみればエクスクルーシブな流れであると言わざるを得ません。

この状況を打破するには、どうしたら良いでしょうか。国連の指摘に従って、今すぐ特別支援学校や特別支援学級を廃止して、全ての子どもが通常学級で学ぶフル・インクルージョンの制度に変えるべき、という方もいらっしゃるかもしれません。しかし現実的には、通常学級のあり方が定まらない限り、特別支援学校や特別支援学級の廃止はダンピングにつながります。制度としてフル・インクルージョンを作ったとしても、それが本当の意味で包摂可能な学校教育になるとは限らないのです。イタリアのフル・インクルージョンは１９８０年代からの長い歴史の中で積み上げて形作られたものです。その背景には、文化や経済などの社会的な要因も多くあります。制度を整えれば日本でも実現できる、と簡単にはとても言えません。

そのように考えると、将来的に日本もフル・インクルージョンへ移行していくことを念頭に、まずは現在の通常学級をより包摂可能な「インクルーシブ学級」にしていくことを目指すべきではないでしょうか。インクルーシブ学級とは、これまでの通常学級よりも、障害や多様な教育的ニーズのある子ども達を包摂可能にした学級です。これまでの通常学級は障害のない定型発達の子ども達をモデルにした授業のあり方をベースに、発達障害などの特別な教育的ニーズを抱える子ども達を巻き込んでいく形で進んでいきました。そうではなく、はじめからクラスの中には多様な子ども達が存在していることを前提にして、そうした子ども達を包摂するための通常学級を目指すことが求められているのです。

そのための現実的な「解」は、通常学級における教育のユニバーサルデザインを本格的に推進することです。まずは通常学級で多様な子ども達が十分にユニバーサルデザイン化された授業によって安心して学習を進めることができるようにしていく必要があります。またユニバーサルデザイン化された授業の中で、自分とは異なる特性のある子どもと協働して学びを進める経験を積むことは、学校を卒業して社会に出た後で多様な人達と協働して課題を解決する土台になるはずです。社会のインクルーシブ化を進めるためには、まずは通常学級のユニバーサルデザイン化が必要になるのです。

　もっとも、教育のユニバーサルデザインといっても、その定義や具体的な方法は様々です。また通常学級のユニバーサルデザイン化がどれだけの効果があるのかについても、そのエビデンスについてはまだまだ蓄積されていないという現状があります。第Ⅱ部では、教育のユニバーサルデザインをどのように定義し、そしてどのような効果があるのかについて、これまでの私の研究を紹介しながら考えていきたいと思います。

　繰り返しますが、インクルーシブ学級の実現を待たずに特別支援学校や特別支援学級を廃止することは非常に危険です。本人や保護者が希望すれば特別な学びの場で学習することもできるようにしておくことは障害がある子どもの発達保障という観点からも大切なことであると思います。ただし、特別支援学校や特別支援学級のあり方が従来のままで良いかというと、そうではありません。インクルーシブ教育システムとして機能するために、通常学級との学びの連続性を担保する必要があります。この点についても第Ⅱ部で触れたいと思います。

Ⅱ

インクルーシブな学校システムのカタチ

1 インクルーシブ教育システムの考え方

第Ⅰ部では、これまでの日本の学校教育の歴史を振り返りました。特殊教育から特別支援教育へと移り変わってきた中でも制度的に大きな変化がなく、そのためにインクルーシブ教育の展開が足踏みしてしまっているという現状を指摘してきました。先述したように、フル・インクルージョンか部分インクルージョンのどちらを指向していくかは、国民的な議論が必要だと思いますが、たとえ制度的にフル・インクルージョンへ形を変えたとしても（すなわち特別支援学校や学級を廃止しても）、それがうまく機能するかどうかは未知数です。少なくとも、通常学級を現在よりも多様性を包摂可能な形に変えていかなければ、様々なニーズのある子ども達がダンピングされてしまいます。

それでは目指すべきインクルーシブ学級とはどのようなものなのでしょうか。まずは学校システムという観点から、インクルーシブ学級をどう位置付けるかを考えてみましょう。

特別な教育的ニーズに見合う教育の場を明確に整理する

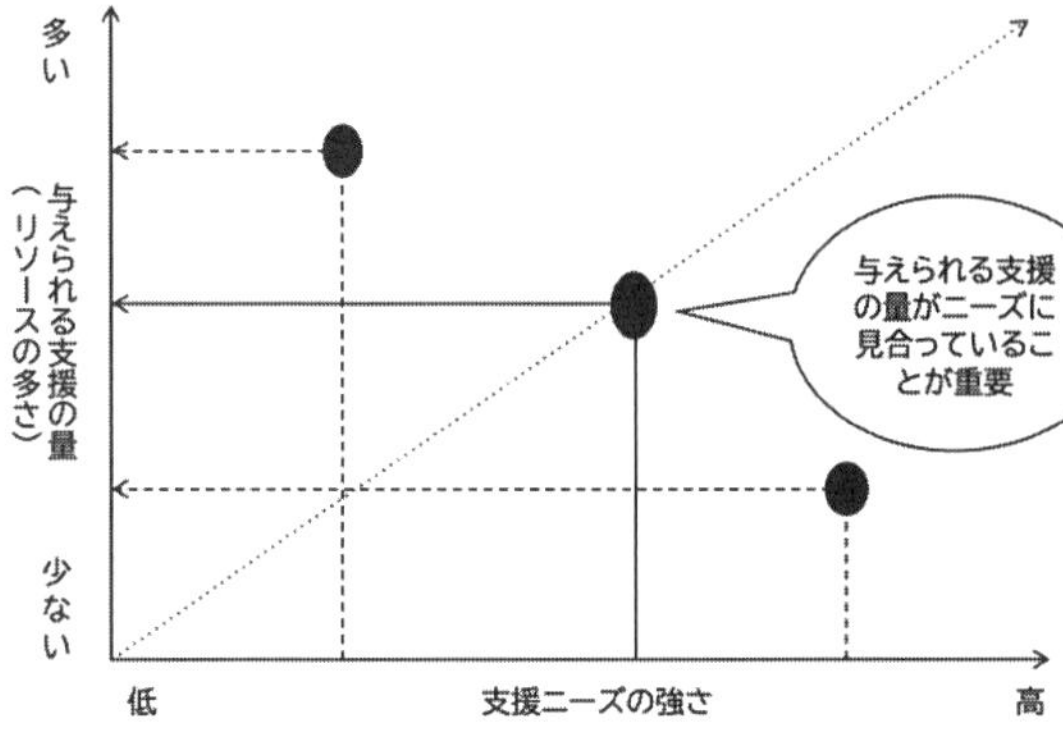

支援ニーズの強さと与えられる支援の量の関係

子どもの健やかな成長を保障するためには、それぞれの子どもが持つニーズに見合った支援・配慮が与えられることが不可欠です。そもそも誰一人として、支援や配慮が全く必要ないという人はいないでしょう。問題は、支援や配慮が個々のニーズに見合っているかどうか、という点です。

図のように、子どものニーズの強さを横軸に、与えられる支援・配慮の量を縦軸に考えてみましょう。子どもの支援ニーズの強さに応じて、その子に与える支援の量が見合っている場合、その子どもの成長が最も高く期待されます。一方、支援ニーズが高いのにもかかわらず、与えられる支援の量が少ない場合、その子どもは不適応状態を示す可能性が高いと考えられます。反対に、支援ニーズは高くないのに、与えられる支援の量が多い場合はどうでしょうか。限られたリソースを無駄遣いしていることになりますし、場合によっては子どもが支援に依存

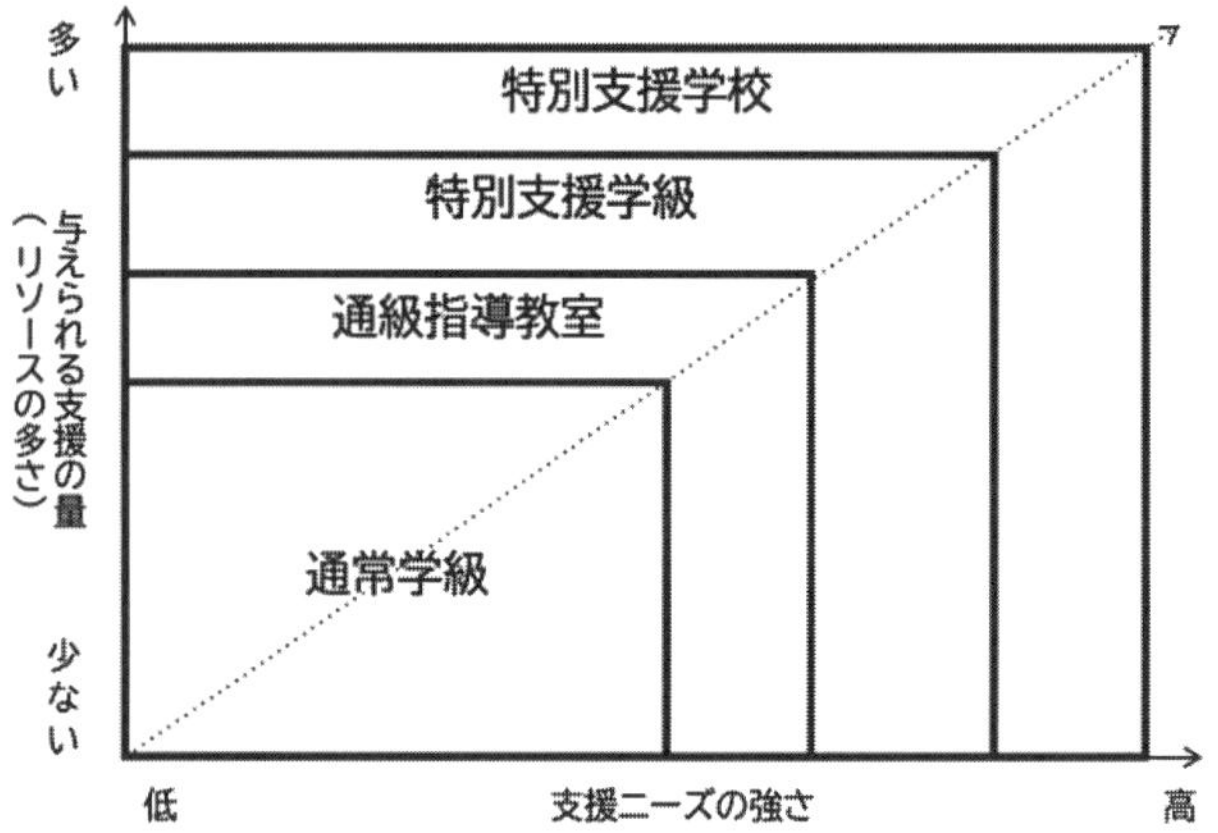

インクルーシブ教育システム
支援ニーズの強さに応じて学び場を整理、
それぞれの学びの場が連続的になるように整備する

してしまう可能性があるでしょう。このように支援は多ければ良いというわけではなく、ニーズに見合った量の支援を提供することが重要です。

このように子どもの支援ニーズの強さを連続的に捉えると、それぞれの学びの場が果たすべき役割が見えてきます。通常学級では支援リソースが限られますので、比較的支援ニーズが高くないお子さんに対応する役割を担っていて、それを補完する場所が通級による指導ということになります。特別支援学級や特別支援学校は、さらに支援ニーズが高い子どもに対して支援を提供することになります。このようにニーズに応じた学びの場を整理しながら、学校教育システム全体で個々の子どものニーズに対応していこうという考え方が日本型のインクルーシブ教育

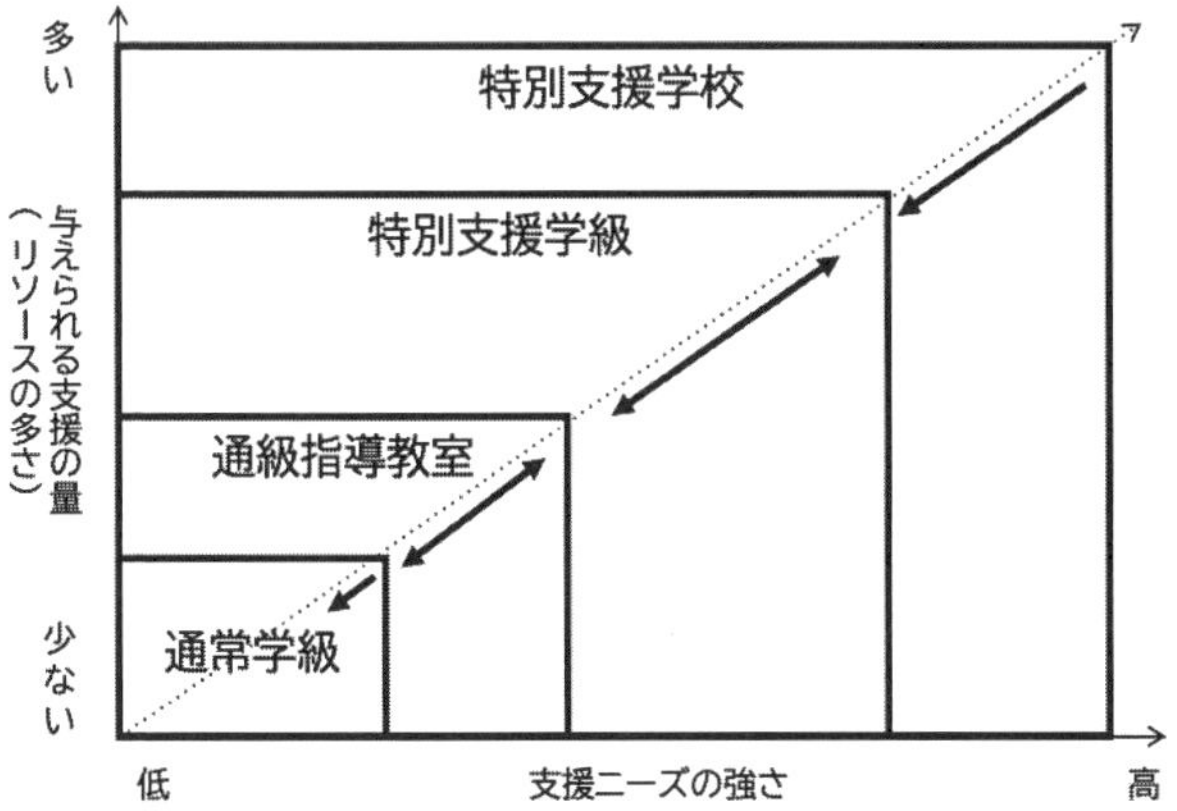

現状は・・・
特別支援学級の増加が著しく、通級や支援学校も増加し続けており、
結果として対応すべき支援ニーズの幅が拡大している

システムと言って良いでしょう。そして、それぞれの学びの場を連続的にすることで、支援ニーズの強さが変わっても柔軟に対応できるようにしていくことも重要です。

現下の問題点は、このインクルーシブ教育システムの中で、通常学級に在籍する特別な教育的ニーズのある子ども達への支援が後手に回っていること、それに伴い、通級による指導や特別支援学級・学校に通う子どもが増え続けており、特に特別支援学級の増加が著しいため、システムがうまく機能しなくなってきている、ということにあります。以前に比べると、特別支援学級には軽度から重度まで幅広い実態のある子どもが在籍するようになっていますし、特別支援学校にもかなり軽度の子どもが在籍するようになってきました。そもそも制度として想定していたよりも、幅広いニーズに対応せざるを得なくなっているのです。一人ひとりの子どもに適した指導や支援を行うためには、それぞれの学びの場における主要なターゲットを絞り込む方が良いのですが、それがうまくいかない状況になっているのではないでしょうか。

地域医療システムに喩えたら

このインクルーシブ教育システムの考え方は、疾病等に対する地域医療システムの考え方に喩えることができるでしょう。私たちが病気になったら（あるいは病気が疑われたら）、まずは自宅近くのかかりつけの病院を受診します。かかりつけの病院では、重大な疾病ではないかをチェックして、そうでないと判断されたら薬が処方されて自宅で療養するように指示されます。もし、かかりつけの病院で対応できない疾病で、入院加療が必要な場合は入院設備が整った比較的大きな専門病院が紹介され、そこで集中的に治療が行われます。さらに重篤な疾病の場合は、大学病院等の高度医療が実施できる特定機能病院へとつながります。風邪のような、よくかかる病気の場合に、初めから大学病院を受診することは原則としてできません。このシステムは、限られた医療資源を効率的に回していくためのものであり、これにより私たちは病気の重さに応じた適切な治療をいつでも受けることができています。

インクルーシブ教育システムで言えば、通級による指導は、かかりつけの病院に該当するでしょう。基本は通常学級で学びながら、通級指導教室で本人に合った学習の方法などを学びます。薬が処方されながら自宅での療養がメインになるのと同じです。通級による指導で対応ができない場合は、在籍学級を特別支援学級に移して、特別支援学級での学びが中心になります。専門病院での集中的な治療にあたるでしょう。さらに障害が重篤な場合は、大学病院での先進医療のように、特別支援学校でより専門性の高い教育を受けることになります。

コロナ禍では、コロナ患者の急増により医療システムが逼迫し、地域医療システムが崩壊する危機が何度もありました。限られた医療リソースを効率化するシステムなのに、新型コロナウイルスという感染力が強く比較的重篤な疾病が流行したことで、専門病院と特定機能病院に収容できる範囲を超えてしまったため、ホテル療養や自宅での待機を余儀なくされた罹患者がたくさんいました。本当に必要な患者に適切な治療が届けられない事態に発展したのです。こうしたコロナ禍における医療逼迫の状況を思い返すと、このまま通級や特別支援学級・学校に在籍する児童生徒の急激な増加が続くと、特別支援教育の逼迫が生じかねないと思います。

リソースを拡充させるだけではいけない

パンデミックによる医療逼迫はワクチンや効果的な薬の開発、あるいは感染から回復して免疫を獲得した人が増えてくると収まります。すなわち罹患者そのものが減ってくるので、一時的に逼迫

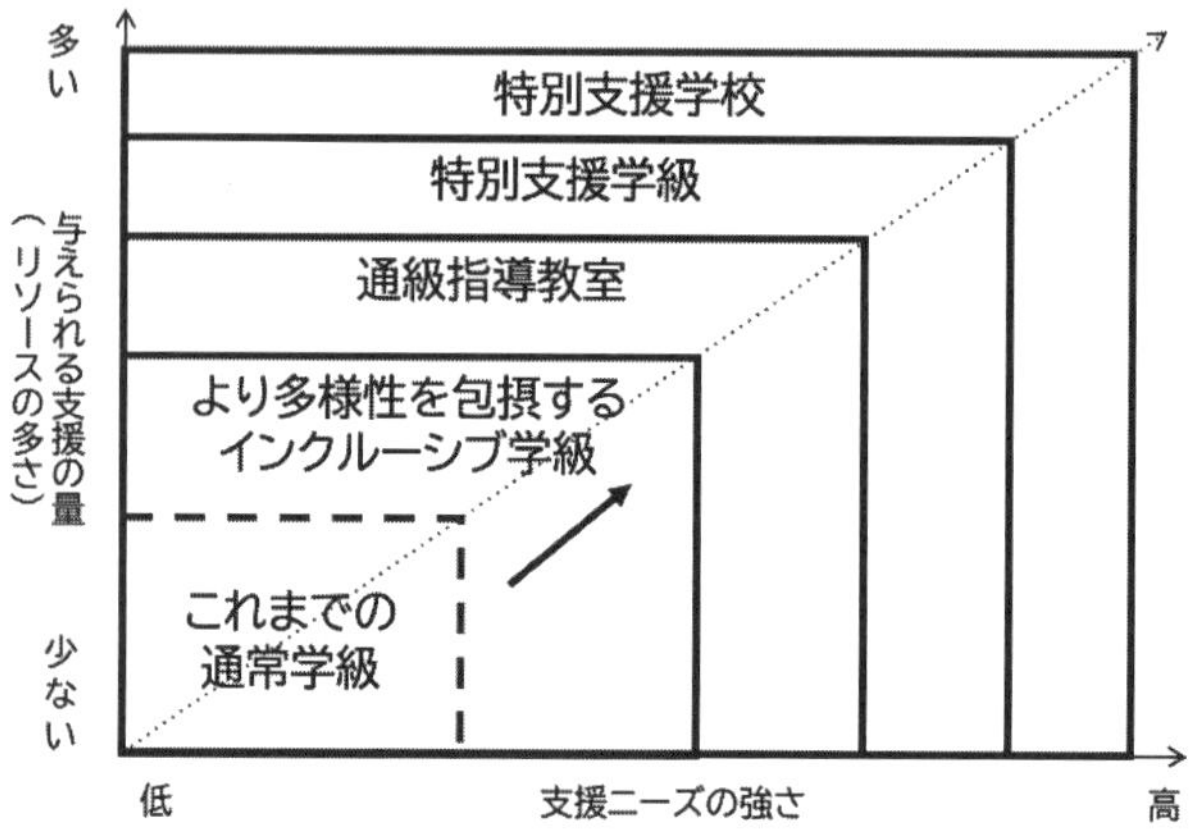

支援ニーズの強さによって適切な学びの場を整理しながら、
インクルーシブ学級を作る

した医療リソースは回復します。しかしながら教育の場合は、特別な教育的ニーズのある子どもが減少していくとは考えられませんので、結果的に通級による指導を受ける子どもや特別支援学級や特別支援学校に在籍する子どもは増え続けます。そのため通級の拡大や特別支援学級や特別支援学校の新設・増級を進める必要が生じているのです。

しかしながら、インクルーシブ教育の基本的な理念として「障害のある子どもとない子どもが共に学ぶ」ことが目指されている点は忘れてはいけません。その子どもの支援ニーズの高さに応じた学びの場を充実させることと同時に、可能な限り通常学級をインクルーシブにしていかなければ、むしろ特別な学びの場の整備が障害のある子どもをエクスクルージョン（排除）する方向へ向かってしまう可能性があります。

第I部で述べたように、通常学級から通級による指導、特別支援学級や特別支援学校へ学びの場を移す子どもが急増している現状は、通常学級での多様性の包摂が後手に回っていることを示しているのです。

地域医療システムで言えば、かかりつけ医、専門病院や特定機能病院を増やすだけでなく、いかに日常生活における疾病の予防や健康増進を図っていくか、という問題になるでしょう。医療逼迫を防ぐためにマスクの着用やうがい・手洗いなどを徹底しておくことが重要であることは言うまでもありません。中には「マスクやうがい・手洗いをしても、感染する可能性は0にはならないから無駄だ」と言う人もいるかもしれません。確かに感染者を完全に0にすることはできません。しかし、そのような人だらけになってしまうと、あっという間に医療システムは崩壊します。日常生活における疾病予防や健康増進は、目に見える効果は少ないかもしれませんが、システム全体に与える影響はとても大きいのです。

そのようにシステムとしてインクルーシブ教育を考えると、リソースを拡充するだけではなく、通常学級をより多様性を包摂可能なインクルーシブ学級にしていくことが重要です。様々な教育的ニーズのある子どもが、通常学級の中で安心して学びを進めることができるインクルーシブ学級を実現することが、インクルーシブ教育システム全体を円滑に機能することにつながるのです。

インクルーシブ学級を作るためには

現在の通常学級をこれまでよりも多様性を包摂可能なインクルーシブ学級へと変えていくためには、どのようなことが必要なのでしょうか。もちろん通常学級の支援リソースを拡充していく必要があることは言うまでもありません。日本の1学級当たりの児童生徒数は、OECD加盟国の平均を大きく上回り、小学校（初等教育）で平均27・2人（OECD平均21・0人）、中学校（前期中等教育）で平均32・1人（OECD平均23・2人）※8と、最も学級規模が大きい国の1つです。フル・インクルージョンを実施しているイタリアは児童生徒数の定員が25名、障害のある子どもが在籍する場合は20名であり、さらに支援教師が加わることを考えると、現在の日本の学校教育制度を変えずにフル・インクルージョンを進めることは無理があります。こうした状況を変えていく必要があることは言うまでもありませんが、国家的な財政支出や学級数増に伴う施設整備、教員確保のための教員養成システムの改革など、政治的な判断を伴う課題が山積しますので、短期間では難しいと言わざるを得ません。

かといって、今目の前にいる子ども達のことを考えれば、私たちは手をこまねいているわけにはいきません。現行の制度の中で、少しでも通常学級でのインクルージョンを進めていくことが求められます。そのためには、通常学級における「合理的配慮の提供」と「教育のユニバーサルデザイン」を推し進めていくことが必要です。続く第2節では「合理的配慮」について、第3節と第4節では「教育のユニバーサルデザイン」について考えていきましょう。

※8　出典：中央教育審議会初等中等教育分科会教員養成部会（第123回）「令和の日本型学校教育」を担う教師の在り方特別部会教員免許更新制小委員会（第2回）合同会議資料より　日本のデータは2017年、OECD平均は2018年の数値。

2 通常学級における合理的配慮とは

障害のある子どもへの合理的配慮

障害のある子どもが通常学級に在籍する場合、合理的配慮の提供が求められることがあります。合理的配慮とは、障害者が社会参加をする上で障壁となることがある場合、その障壁を取り除くための合理的な配慮のことであり、障害者権利条約第2条では合理的配慮を提供しないことは差別であると示されています。合理的配慮は障害者権利条約の批准に関連して施行された「障害者差別解消法（障害を理由とする差別の解消の推進に関する法律）」において「合理的配慮の提供」が取り入れられたことで広まってきました。第Ⅰ部でも触れましたが、2013年の施行に伴い、公立学校など行政機関には合理的配慮の提供が義務付けられていました。一方、私立学校を含む民間事業者はこれまで「努力義務」という形でしたが、法律改正により2024年4月から私立学校でも法的義務となる予定です。

しかしながら、実際の学校現場などでは合理的配慮の提供をめぐって障害者（保護者含む）と学校間でトラブルになることが多いようです。その理由は、合理的配慮に対する正しい理解が広まっていないことが挙げられます。

まずは合理的配慮とは何か、改めて定義を確認してみましょう。障害者権利条約では合理的配慮を次のように定義しています。

「合理的配慮」とは、障害者が他の者との平等を基礎として全ての人権及び基本的自由を享有し、又は行使することを確保するための必要かつ適当な変更及び調整であって、特定の場合において必要とされるものであり、かつ、均衡を失した又は過度の負担を課さないものをいう。

また学校現場における合理的配慮の考え方は文科省が次のように整理しています。

障害者の権利に関する条約「第二十四条　教育」においては、教育についての障害者の権利を認め、この権利を差別なしに、かつ、機会の均等を基礎として実現するため、障害者を包容する教育制度（inclusive education system）等を確保することとし、その権利の実現に当たり確保するものの一つとして、「個人に必要とされる合理的配慮が提供されること。」を位置付けている。

このように、合理的配慮は教育現場における機会の均等を目指すものであり、障害のある子どもの権利を保障するために実施されるべきものです。インクルーシブ教育においては、単に障害のある子どもを通常学級にダンピングするのではなく、障害のある子どもが抱える特別なニーズを満たすため積極的に合理的配慮を提供することが必要なのです。ところが、合理的配慮という言葉が持つニュアンスから、合理的配慮の提供が拒否されたり、逆に過度な合理的配慮により機会の均等とは程遠い状態になってしまったりすることがあります。

先述したように、合理的配慮の原語は、reasonable accommodationといい、日本語に適した訳語がなかったため「合理的配慮」と訳したのですが、実際の英語が持つニュアンスとは少し違います。「reasonable」は〝道理をわきまえた、筋の通った、穏当な、妥当な〟であり、「accommodation」に「適応や順応、調節」という意味です。つまり、障害のある人に対して、その人が抱える困難を解消するために妥当な調整をすること、という意味で捉える方が適切です。

しかしながら実態として、合理的配慮の提供は法的義務になっているにもかかわらず、障害のある子どもや保護者が申請しても、学校側から「負担が大きいので難しい」などの理由で拒否されることがあります。これは〝合理的〟という日本語のニュアンスに「無駄がない」とか「効率的」という意味があるため、そんなにコストをかけなくても良い、という印象があるためと思われます。また日本語で〝配慮〟と聞くと、どうしても「気配り・慮る感情」という印象を与えますので、障害のある人に対する健常者側の思いやりに基づくものと捉える人が多いようです。そもそもこの合理的配慮は、障害者の権利を保障するためのものであり、健常者側が慮って提供するようなものではありません。

また「周囲の子ども達の理解が得られない」という理由で合理的配慮の提供が拒否されることがあります。たとえば、ある子どもが障害のために鉛筆やペンによる筆記をすることが困難なため、授業中の板書転記を免除し、代わりにタブレットで板書を撮影することを許可して欲しい、という合理的配慮申請を行ったところ、「他の子どもたちもタブレットで撮影したがるようになるから」という理由で拒否される場合です。これは明らかに障害のある子ども本人の権利を阻害しています。障害のある子どもが学習するために必要なタブレット使用が、周囲の子どもたちに影響があるからという理由で許可されないとなると、それは障害のある子どもに〝学習をするな〟と言っているのと変わりません。

こうした合理的配慮をめぐるトラブルの多くは、合理的配慮の基本的な考え方が誤って理解されていることが原因だと思います。合理的配慮の提供を負担が大きいとか周囲の迷惑になるから拒否してしまうという背景には、何か障害者側が特権的な主張をしているように誤解しているのではないでしょうか。

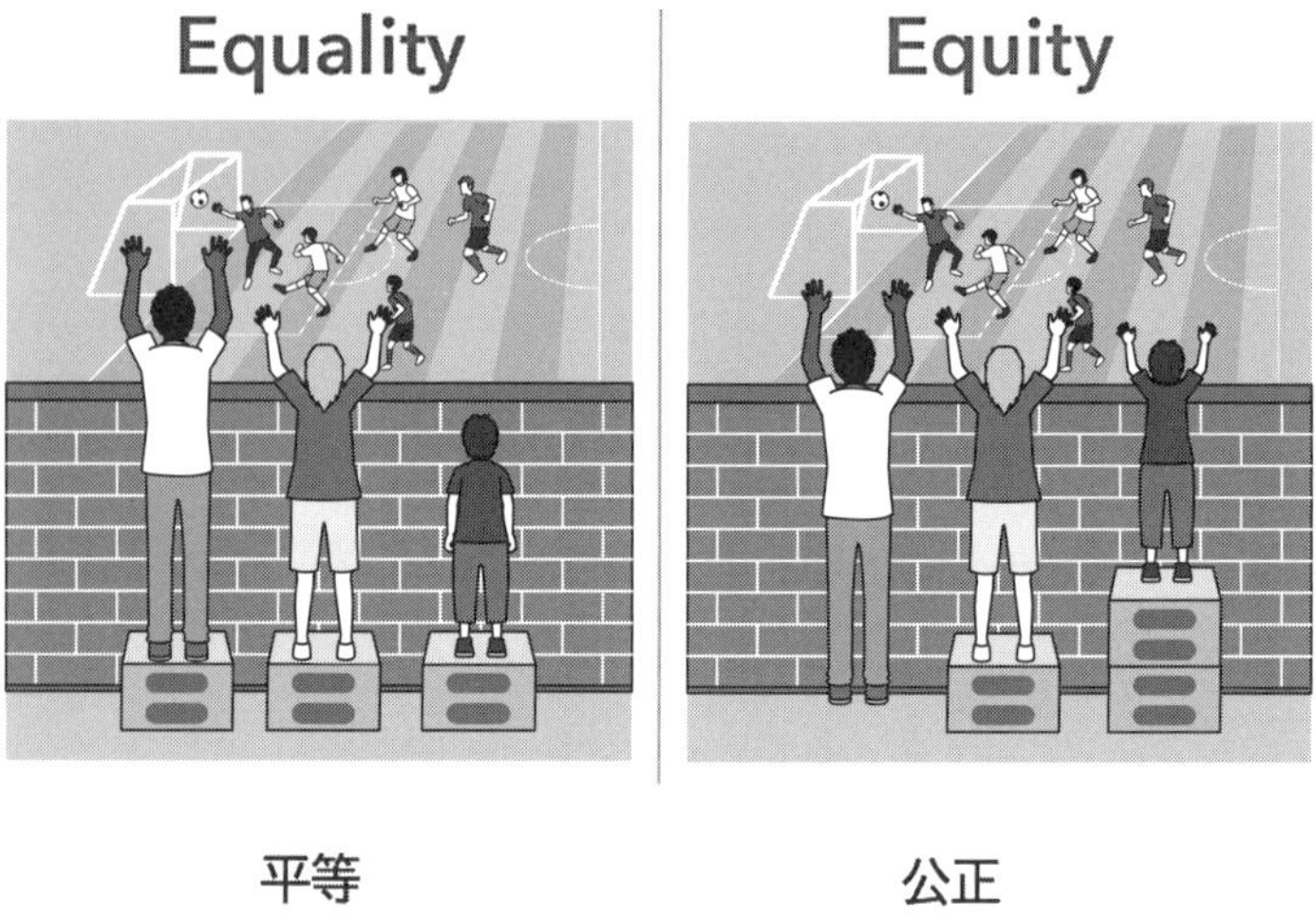

※Environmental Equity Vs. Environmental Justice: What' s the Difference? (https://www.mobilizegreen.org/blog/2018/9/30/environmental-equity-vs-environmental-justice-whats-the-difference)を参考に作成

合理的配慮の基本的考え方とは

合理的配慮の考え方を端的に示すイラストとして、上のものが有名です。3人の少年がサッカーの試合を観戦しています。左側のイラストは3人それぞれに踏み台を1つずつ渡していきます。サッカー場にはフェンスがあるため、子ども料金で入場した人には配慮として踏み台を渡すことにしているのです。ところが平均的な身長の子どもは踏み台が1つあればフェンス越しに観戦することができますが、身長が低い子どもは踏み台を1つだけ渡されても観戦することができません。その反対に、身長がかなり高い子どもは、本当は踏み台がなくても観戦することができるのに、子ども料金で入場したことによって踏み台を渡され、おかげですごく観戦しやすくなっています。

ある意味では、3人の子どもは平等な対応をしてもらったと言えます。分け隔てなく同じ対応をするというのは、これまでの日本の学校教育が大事にしていた理念の1つと言えるでしょう。しかし問題は、等しく子どもと言っても多様性があり、身長が高い子がいれば低い子もいることです。踏み台を1つ渡すというのは、平均的な身長の子供をイメージして対応を決めてしまっていて、子どもの多様性を無視している、ということになるのです。

右側のイラストでは、子どもの身長に応じて渡す踏み台の数を変更しています。平均的な身長の子には踏み台を1つ、身長が高い子には踏み台は渡さず、身長が低い子には踏み台を2つ渡しています。その結果、3人が同じような高さでサッカーの試合を観戦することができています。このように子どもたちが同じものを享受できるようにすること、つまり結果として公平になるようにすることが合理的配慮の考え方なのです。障害者が他の人よりも有利になるように特別扱いするわけではありません。

ここで重要なのは、左側も右側も、どちらも使っている踏み台の数は全部で3つです。あくまで合理的配慮とは調整であって、過度な負担を提供者側に求めるものではないし、また障害者が有利になるようなものではないのです。先ほどのタブレット使用の例のように、「周りの子も使いたがるかもしれない」という危惧は、平均的な身長の子どもに踏み台を与えていないような場合に生じると思います。その場合、問題なのは平均的な身長の子どもでもフェンスが高いために観戦できない状況を放置していることに他なりません。このように合理的配慮は、障害のある子どもが他の子どもと公平に学ぶ権利を保障するものであり、合理的配慮の提供によって同じスタートラインに立つことができる、と言えるでしょう。

合理的配慮の限界

ただし「障害のある子どもには合理的配慮の提供をするもの」と頭ごなしに決めつけて、合理的配慮を提供することで通常学級での学習や生活を保障しようというのは、少し考えた方が良いと思います。合理的配慮とは、少なからず周囲からは「特別扱い」と認識されやすいので、なぜ合理的配慮が必要なのかが周囲から分かりにくい障害の場合は、「なぜ、あの子だけタブレットを使っても良いのか」という不満が生じることがあります。私の経験で言えば、身体障害や知的障害など、その子に障害があることが分かりやすい場合は小学校低学年であっても周囲の子ども達が合理的配慮に不満を示すことはほとんどありません。しかし発達障害など、周囲から見て障害があることが明確には判断しづらい場合、なぜ特別扱いをされているのかという疑問が生じ、その結果、周囲の子ども達が発達障害児につらくあたったり、その不満を担任にぶつけてしまったりすることがあります。

その意味では、学校現場における合理的配慮の提供は「最後の手段」と考えた方が良いと思います。様々な手立てを尽くしても、その子どもの困難が解消されずに、そのままだと子どもに不利益が生じてしまうという場合には、躊躇なく合理的配慮の提供を行うべきですが、それ以前にできることはたくさんあるはずです。

もう1つ、合理的配慮は最後の手段にすべきだという理由があります。合理的配慮はあくまで個々の子ども達の状態に応じて個別に提供されるものなので、支援リソースが限られる通常学級の中では提供可能な合理的配慮の量には限界があるからです。通常学級では、基本的に担任教員1名で学級を運営していかなければなりません。もちろん特別支援教育支援員などが補助をしてくれる場合もありますが、それでもリソースには限りがあります。その一方で、支援が必要な子どもは1クラスに複数在籍しています。そもそも通常学級担任はクラス全体の授業や学級経営をしていかなければなりませんので、支援が必要な子ども達に充分な支援が提供できるとは限りません。

合理的配慮の前提となる基礎的環境整備

ここで重要になるのが、合理的配慮の基礎となる「基礎的環境整備」です。基礎的環境整備とは、合理的配慮のように個別に調整するものではなく、集団全体に対して障害があっても活動しやすい環境を可能な限り事前に整備しておくことです。先ほどの「黒板の板書をタブレットで撮影する」

という例で説明しましょう。タブレットで撮影したい理由は、障害があるために板書をノートに転記するのが困難だからですが、それはそもそも板書がどれだけ書き写しやすいものになっているかどうか、によって変わってきます。どれだけ板書の文字が見やすいか、書き写す量がどのくらいあるか、書き写しやすいレイアウトになっているか、などの板書の状況によって、合理的配慮に対するニーズの強さは変わってきます。すなわち、合理的配慮の提供を考える前に、どれだけ基礎的環境整備ができているかを検討しなければなりません。

この基礎的環境整備がどれだけできているかによって、どれだけ合理的配慮を提供しなければならないかという量が変わるだけでなく、周囲の子ども達の態度も変わってきます。とても書き写しにくい板書になっている場合、合理的配慮を必要としている子どもだけでなく、その他の子どもも書き写すことに困難を感じるでしょう。そのような時に、合理的配慮を受けている子どもがいると「なぜアイツだけ」と感じ、特別扱いだと不満を抱えることになります。逆に言うと、合理的配慮に対して周囲から不満が生じる状態というのは、基礎的環境整備が充分ではないことを表していると言えます。

3　ユニバーサルデザインとは何か

ユニバーサルデザインとは

基礎的環境整備を進める上で欠かせないのがユニバーサルデザイン（ＵＤ）の考え方です。ＵＤは元々建築関係の用語であり、アメリカの建築家ロナルド・メイス（Ronald Mace, 1941-1998）によって発案されたもので、それまでのバリアフリーとは異なる概念として提唱されました。メイスは自身がポリオによる身体障害者で、彼が学んだノースカロライナ州立大学のデザイン学部には車イスでは利用することができない施設があり、そのためにＵＤの考え方を提唱するに至ったとされています。

その後、ＵＤの考え方は建築関係だけでなく、製品やサービス、制度の設計など幅広い分野に適用されるようになりました。現在ではノースカロライナ州立大学のユニバーサルデザインセンター（The Center for Universal Design）により、次のような「ユニバーサルデザイン７原則」がまとめられています。

原則１：誰にでも公平に利用できること
原則２：使う上で自由度が高いこと
原則３：使い方が簡単ですぐわかること
原則４：必要な情報がすぐに理解できること
原則５：うっかりミスや危険につながらないデザインであること
原則６：無理な姿勢をとることなく、少ない力でも楽に使用できること
原則７：アクセスしやすいスペースと大きさを確保すること

（出典：国立研究開発法人建築研究所「ユニバーサルデザイン7原則」）L

この7原則をみると、ＵＤが建築分野からスタートしたということもあり、教育分野でそのまま当てはめるのが難しいものもありますが、ＵＤが目指す基本的理念が示されていると言えるでしょう。学校教育の様々な場面を、この7原則を踏まえてデザインすれば、障害のある子どもだけでなく全ての子どもが過ごしやすくなるでしょう。その意味で、ＵＤの視点をもって様々な取り組みを行うことは基礎的環境整備を充実させていくのです。

先ほどの合理的配慮に関するイラスト（80ページ）をＵＤの視点で改善するとすれば、87ページの

格差が始めから生じないように設計すれば多様性を受容できる

※Environmental Equity Vs. Environmental Justice: What' s the Difference?
(https://www.mobilizegreen.org/blog/2018/9/30/environmental-equity-vs-environmental-justice-whats-the-difference)を参考に作成

イラストのようになるでしょう。この場合、障壁になっているのは子どもの身長より高い、向こう側が見えないフェンスです。そこで身長の低い人でも向こう側が見えるように金網フェンスにすれば、合理的配慮をする必要がなくなり、誰でもサッカー観戦を楽しむことができます。一方で障壁自体を取っ払ってしまえば良いのではないか、という考え方をする人もいるでしょう。しかしこの場合、本来のフェンスの果たしている役割、観客を危険から守る、という機能が損なわれてしまいます。ボールが観客に飛んできた場合、そのボールを避けて怪我をしないようするのは本人の自己責任ということになってしまいます。あくまでUDにはそのものが持つ機能的な側面を損ねることがないように工夫することが求められます。

その後、2006年には国連総会で採択された

「障壁を取り除けば格差がなくなる」のは確かだが、その反面、守られるものがなくなり、自己責任論が強くなる可能性も

「障害者の権利に関する条約（障害者権利条約）」の中で、UDは次のように定義されました。

「ユニバーサルデザイン」とは、調整又は特別な設計を必要とすることなく、最大限可能な範囲で全ての人が使用することのできる製品、環境、計画及びサービスの設計をいう。ユニバーサルデザインは、特定の障害者の集団のための補装具が必要な場合には、これを排除するものではない。

（障害者権利条約　第2条　定義より
訳文は外務省HPに基づく）

ユニバーサルデザインとバリアフリーの違い

さて、このUDは先述したようにバリアフリーとは異なる概念なのですが、日本では両者の違いを正しく認識している人は少なく、同じような意味を持つ用語として混同されていることが多いようです。私も講演会などで

「ユニバーサルデザインとバリアフリーの違いはなんでしょう?」と受講している先生達によく問いかけているのですが、多くの先生は面食らいながら「バリアフリーは障害のある人が対象、ユニバーサルデザインは全ての人が対象」という答えが返ってきます。この回答は不正解とは言えませんが、両者の違いを正しく説明できているとは言い難いです。

バリアフリーを日本語にすると「障壁の除去」となり、障害者の社会参加を困難にしている様々な障壁(段差などの物理的障壁だけでなく、社会的、制度的、心理的なもの全てを含む)を取り除くことを意味します。たとえば、建物の入り口や廊下に段差がある場合、車イスを利用している子どもが利用できるようにスロープを設置することはバリアフリーと言えます。

一方、UDを日本語にすれば「普遍的な設計」あるいは「全ての人のための設計」ということになります。すなわち、(障壁が生じないように)あらかじめ設計をする、ということを意味し、最初から入り口や廊下に段差のある建物を造らない、というのがUDの考え方です。つまり、対象が違うだけでなく、その対応するタイミングが違うということになります。

結果として、バリアフリーは後付けになるため、それを利用している人が障害を抱えていることを目立ちやすくするという側面もあります。たとえば階段に「階段昇降機」を設置した場合、それを利用している人は階段を上り下りすることが困難であることが自ずと周囲に伝わります。そのことがかえって健常者と障害者の違いを浮き彫りにすることにつながりかねません。UDは後付けで

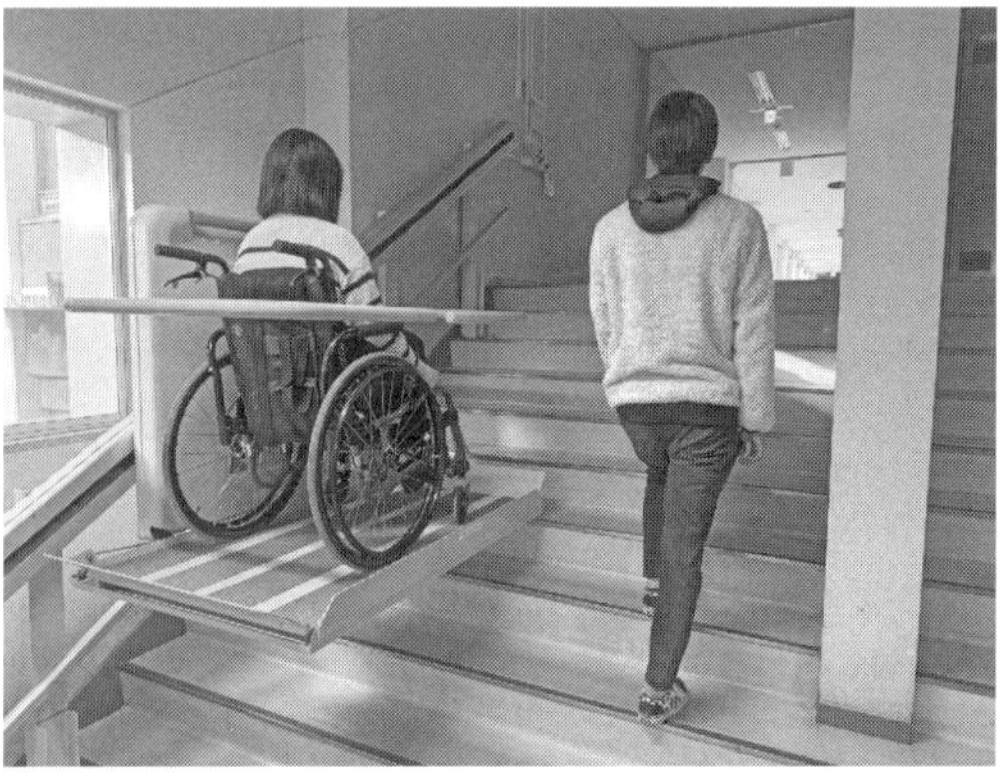

後付けのバリアフリーだとかえって障害が可視化される
（筆者の大学に設置されている階段昇降機）

障壁を除去するわけではなく、そもそも最初から障壁を作りませんので、健常者と障害者の違いが可視化されることも少なくなります。

ここで重要なのは、ここまで私は教育のUDとか授業UDと言っているのに対して、教育のバリアフリー化や授業バリアフリーなどとは呼んでいない、ということです。すなわち、今までの授業の形をもう一度設計段階から見直すことが必要です。これまでの学校教育に内在している様々な障壁を取り除くのではなく、もう一度、全ての子ども達が学びを進めることができる学校教育をデザインしていこう、ということなのです。学校の先生から「どうすれば発達障害のある子が授業に参加できるか」という質問を受けることがあるのですが、そうした質問の裏側に「自分の基本的な授業や学級経営の形は変えずに、プラスアルファの取り組みをして障害のある子どもを参加させたい」という意図

を感じることがあります。気持ちは分かりますが、そうした発想ではできることに限りがあります
し、インクルーシブな通常学級を実現することは難しいと言わざるを得ません。

身近なUDの例

もう少しUDとは何かを具体的に考えてみましょう。先ほどUDとは「全ての人のための設計」という意味と述べました。言い換えると、この世の中にある様々な製品や制度はマジョリティ（多数派）向けに設計されていることが多く、マイノリティ（少数派）の人が使いやすいようには考えられていない、ということでもあります。身近なマイノリティの例として、左利きの人を考えてみましょう。日本人における左利きの割合は約9％と言われており、右利きに比べると明らかに少数派です。そのため、日常生活における様々な製品や環境はマジョリティである右利きの人が使いやすいように設計されています。たとえば駅の自動改札は右利きの人が切符（あるいはICカード）を差し込みやすいように右側に設定されています。他にも、文字の書き順やハサミなども右利きの人が利用しやすいように設計されているため、左利きの人は日常的に不便を感じています。

大学の授業で「左利きの人、手を挙げて」と学生に尋ねると、100人に3～5人くらいが手を挙げます。少し日本人の統計よりも少ないようですが、話を聞くと「子どもの頃に矯正された」という学生も多くいます。このこともマイノリティの人が不便を強いられている社会であることを実

感させられるのですが、続けて手を挙げてくれた左利きの学生に「左利きで不便だと感じたことはある?」と尋ねると、非常にバラエティに富んだ回答が返ってきます。左利きの学生同士で不便さを語り合うのは、ある意味〝あるあるネタ〟のようです。

ある左利きの学生が「ファミレスのスープバーが面倒です」と言ってくれました。私もなるほどと思ったのですが、ファミリーレストランのスープバーに置いてあるレードル（お玉）が右利き用のため、いつも利き手ではない右手でスープを注がざるを得ない、ということでした。確かに左利きの人が左手でカップを持ち、右手でスープを注ぐのはかなり不安定になりそうです。

オプション志向型UDとデザイン志向型UD

それでは、このスープバー問題を解決するためにはどのような手立てが考えられるでしょうか。1つには右利き用だけでなく、注ぎ口が反対になった左利き用のレードルを準備してスープバーに設置しておくことです。右利きの人は右利き用を、左利きの人は左利き用といった具合に、自分に合ったレードルを選択できるようにしておけば全員が使いやすくなります。このように選択肢（オプション）を増やすことでUD化を実現できるようにする方式を「オプション志向型UD」と私は呼んでいます。

しかしながら、なんらかの理由によってオプション志向型UDを取り入れることができない場合合

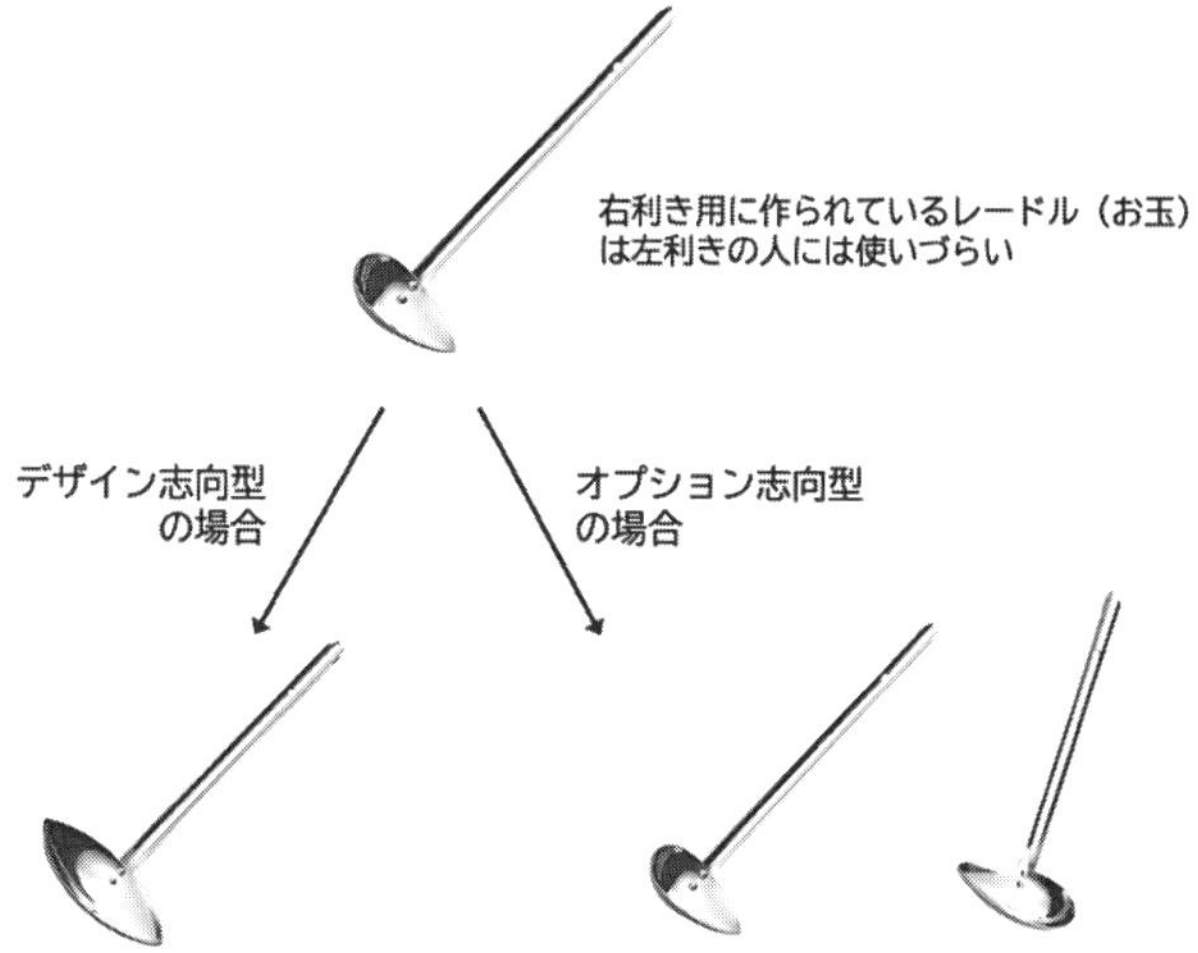
両方に注ぎ口を作る
左利き用のレードルも用意する

はあります。右利き用と左利き用の両方を準備しておくことはコストがかかります。また、せっかくオプションを準備したとしても、利用者側が自由に選択できる機会を保障しておかないと意味がありません。「左利き用のレードルもあります」と貼り紙をしておいて、わざわざ店員に左利き用レードルを奥から出してもらわないといけないようなことでは、左利きの人の不自由さはなくなりません。

もう1つの解決策は、多数の人が使うスープバーのような場所で使用するレードルは、右利き左利きどちらでも使いやすいように注ぎ口が両側についている「両口レードル」を準備しておくことです。準備しておくレードルは1つで済みますので、多少金額が張ったとしても2本準備するよりはコストが低いはずです。またオプション志向型のように、利用者が自分が使いやすいのはどちらかを意識する必要がないため、自然な流れでUDが達成されますし、UDであることすら気づかれないかもしれません。このような、そもそものデザインを改良することでUD化を実現する方式のことを「デザイン志向型UD」と私は呼んでいます。そもそものメイスが提唱したUDの考え方はこちらが近いと思います。設計段階から見直すというUDの考え方に沿っているため、誰がマジョリティで誰がマイノリティなのかといった差異が可視化されることもなく、自然な流れで全員が同じように利用することができます。

そのように考えると、デザイン志向型UDの方が優れているように思えるかもしれませんが、デザイン志向型UDにも弱点があります。それは、設計段階から見直したとしても、本当に全ての人が同じように利用しやすいデザインを達成できるかは分からない、ということです。レードルの例では両口にすることで解決できましたが、これは偶々うまくいった例であり、特に利き手の違いというとてもシンプルなマジョリティ－マイノリティ関係の中での話です。実際の場面では、マジョリティ－マイノリティ関係がもっと複雑になります。ある側面ではマジョリティだった人が別の側面ではマイノリティになる、といったことも頻繁にあります。そのため、全員が利用しやすいデザインを追求することは大切なのですが、それにこだわってしまうとうまくいかないこともあります。

また多様性を包摂するという意味では、おそらくオプション志向型UDの方が幅広いニーズに対応できる可能性が高いと思います。つまりオプション志向型の方が、その人のニーズに応じた選択肢を提供するため、より強いニーズにも対応が可能になります。レードルの場合においても、右利き・左利きどちらか専用のレードルと比べて両口レードルは少し機能が落ちる（一度に注げる量が少ない、反対側からこぼれやすい等）のであれば、結果として右利き・左利きどちらの人にも若干の不便さを強いることになるため、これでは利用が広まりません。

大切なのは、オプション志向型とデザイン志向型のどちらが良いということではなく、あくまでUDを実現するための方法であるため、場面と状況に応じて柔軟に使い分けたり、あるいは両方のアプローチを統合させたりする方が良いと思います。このオプション志向型UDとデザイン志向型UDの違いは、授業UDとUDLの問題と関連しますので、再度触れていきます。

ユニバーサルデザインの例：UDフォント

このUDの考え方を具現化したものに、UDフォントがあります。PCの普及に伴って様々なフォント（書体）を簡単に利用できるようになったため、個性的なデザインのフォントを利用して目立つようにした文書などもたくさん流通するようになりました。一方で、ディスレクシア（読字障害）やロービジョン（視覚障害）などの人にとっては、個性的なデザインのフォントを利用した文書が読みにくい場合があります。たとえばディスレクシアの人にとっては、文字の形（字形）が少し変わるだけで文字を同定することが困難になったり、ロービジョンの人が小さく表示された文字の

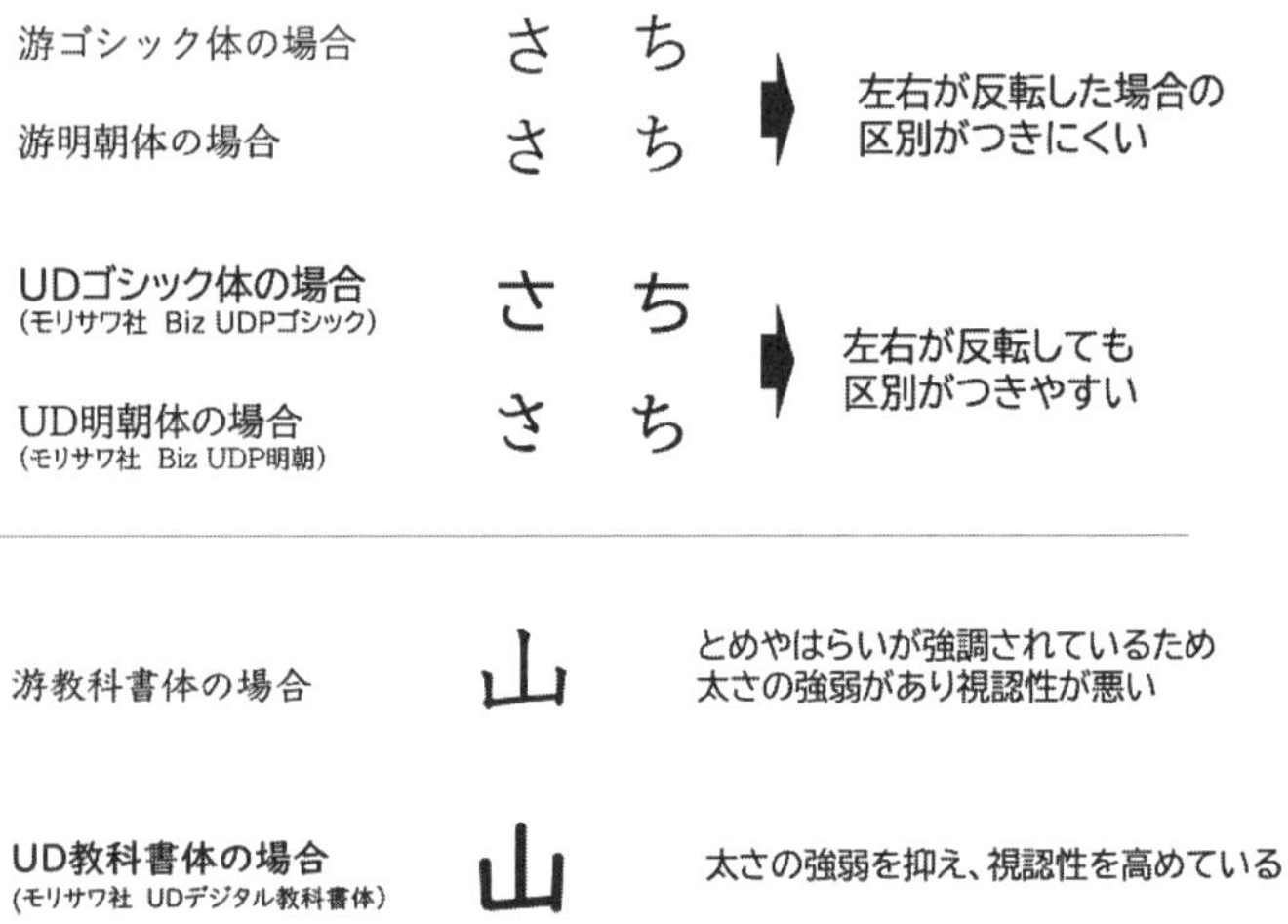

微妙な違い（〝ば〟と〝ぱ〟など濁点と半濁点の違い）を判別したりすることが困難な場合があります。

ＵＤフォントは、そうした読みに困難がある人でも読みやすくなるように字形をデザインしています。たとえばひらがなの「さ」はフォントによっては下の部分が丸くつながっているため、空間認知が弱く左右の区別がつきにくい人の場合、「ち」と区別することが困難になります。そもそも書き文字では、「さ」の下の部分をつなげて書く人はほとんどいません（書道の行書では別でしょうが）。こうした字形の差がディスレクシアのある人の読みをより困難にさせてしまうことがあるのです。ＵＤフォントではそのようなことが起きにくいように、下の部分をつなげずに書き文字と同じようにデザインしています。また小さく表示された場合でも、濁点と半濁点の区別がつきやすいように濁点を大きくするなどの配慮がなされています。

このUDフォントですが、2004年頃から様々なメーカーが開発を始め、家電製品や飲み薬などの説明書など小さい文字を読む必要がある箇所に利用されるようになりました。当初は特殊な場所での利用に留まっていましたが、2017年にWindowsにバンドルされて無料で利用できるようになったことで個人的な利用が広まっていきました。

特に教育現場では、「UDデジタル教科書体」の利用が増えてきました。このUDデジタル教科書体はタイプバンク社※9の高田裕美さんが視覚障害特別支援学校からの要望を受けて開発を始めたものです。学校現場では、字形の差異によって学習に混乱が生じないよう学習指導要領の学年別漢字配当表に示された字形に合わせた教科書体が使用されることが多いですが、従来の教科書体はとめやはらいを強調するため線に強弱があり、ロービジョンの子どもにとっては視認性が悪いという声がありました。そのためUDデジタル教科書体は、サインペンで書いたような太さの強弱を抑えたデザインになっています。もちろん、教科書体として書き順や書く方向などの筆運びの形状を保つデザインになっています。※10

2024年改訂の小学校教科書は、ほとんどの教科書会社がUDフォントを採用しています。教

※9　2017年にモリサワの子会社になっています。
※10　UDデジタル教科書体についてはフォントデザイナーの高田裕美さんが開発の経緯とフォントの特徴を著書『奇跡のフォント：教科書が読めない子どもを知って―UDデジタル教科書体開発物語』（時事通信社、2023年）で詳しく解説されています。

科書会社によって採用状況には違いがありますし、必ずしもUDデジタル教科書体とは限りませんが、もはや教育現場におけるUDフォントの利用はデフォルトであり、基礎的環境整備と言えるでしょう。一方で、ドリルなどの補助教材や学習参考書等においては未利用の場合もありますし、何より担任の先生が自作されたプリントやテストなどはいかがでしょうか。可能な限りUDフォントを利用していただけると、少しでも読みに困難がある子どもが助かるのではないかと思います。

UDフォントの効果は読みに困難がある子どもだけではない

このUDフォントについては、読みに困難がある人が助かるだけではなく、特に読みに困難を持たない人にとっても効果があるとされています。2019年に奈良県生駒市の教育委員会が行った実証実験[M]では、116名の小学校5年生を対象に、文を読んで正しいことが書いてあるかを判断する課題（例：「バナナは青色の野菜です」等、全36問）について、UDデジタル教科書体と一般的な教科書体の2つのフォントで同一の問題を出題したところ、1分間に答えることができた平均正答数はUDデジタル教科書体が29・5問（正解率82％）、一般的な教科書体が24・0問（同67％）と、UDデジタル教科書体の方が正答率が高くなることが示されました。

なぜ読みに困難のない子どもでも、UDデジタル教科書体だと正答率が高くなるのでしょうか。そのメカニズムについては検討が必要ですが、おそらく特に読みに困難を感じていない子どもであっても、読みやすいフォントを使うことによって脳内のリソースを効率的に使うことができるためではないかと推測できます。読みやすいフォントだと問題が求めている「文を読んで正しいかどうかを判断する」ことに集中できるため、より早く正確に問題を解くことができるようになるのでしょう。逆に言えば、もし読みにくいフォントで問題が出されているために成績が低いという場合、その成績の低さは問題に対する理解度が低いことに由来するのか、文字が読みにくいため成績が低いのかを判断することはできません。入試など受験者の「学力」を調査するテストにおいては、そもそもの文字の読みづらさがハードルになり成績が低下するようなことでは、そのテストがいったい何を測っているのか、「学力」とは何なのか、テストの根本的な意味が問われます。

私は大学入学共通テストの問題冊子がＵＤフォントで作成されると良いのになぁと、いつも入試業務をしながら思っています。２０２４年1月に行われる試験より、配慮申請をして拡大文字問題冊子を使用することが認められた場合にＵＤフォント（ゴシック体）が利用できます。拡大文字問題冊子には14ポイントと22ポイントの2種類がありますが、このうち22ポイントの問題冊子がＵＤフォントで作成されます。しかし、ユニバーサルデザインの元々の意味を考えると、そもそも合理的配慮として拡大文字問題冊子の使用が認められた人だけがＵＤフォントを使えるのではなく、全ての受験者が使う一般問題冊子をＵＤフォントで作成した方が良いのではと思います。

場面によって使い分けることも必要

さて、実は本書の本文はUD明朝体（TBUD明朝体）を使っています。UDデジタル教科書体ではなく、どうしてUD明朝体なのかというと、本書のように紙に印刷された長い文章を読む場合は、UD明朝体の方が読みやすい人が多いからです。そもそも明朝体は縦線が横線よりも太く、長い文章で利用した場合は（特に縦書きでは）文章の行が浮き出るように明確になると言われています。本書は大人をターゲットにしたものなので、あえてUDデジタル教科書体を使うよりも、UD明朝体の方が適していると判断しました。

一方、大学での授業や講演会などで使うスライドを作る場合、私はUDゴシック体を利用します。ディスプレイやプロジェクターなどで表示する場合、明朝体や教科書体よりもゴシック体の方が線が太く一定のため視認性が良くなります。もちろん、子どもが読むことを想定した資料やスライドの場合は、UDデジタル教科書体を使います。場面によって使い分けることも必要です。

UDデジタル教科書体が広まるにつれて、とにかくどのような場合でもUDデジタル教科書体を使っているケースが散見されるようになりました。そのためなのか、SNS等で「UDデジタル教科書体よりも従来の明朝体の方が読みやすい」「ゴシック体の方が良い」という意見も見られるようになり、中には「ちっともUDじゃない」という方もいらっしゃいました。UDフォントにも様々な種類があり、状況に応じて使い分けるということがもっと広まると良いと思います。

「じぶんフォントプロジェクト」

フォントのＵＤ化については、もう1つ別のアプローチが着目されています。大日本印刷（ＤＮＰ）グループと東京工業大学などが中心となり進めている「じぶんフォントプロジェクト」[※11]です。じぶんフォントでは、簡単なアンケートに答えることで自分に合ったフォントを選んでいきます。つまり、自分が読みやすいフォントを選び、そのフォントにカスタマイズできるようにする、というアプローチです。２０２２年にＷｅｂサイトが開設され、現在も研究開発が進んでいます。

さてＵＤフォントとじぶんフォントのアプローチの違いは、先述した「デザイン志向型ＵＤ」と「オプション志向型ＵＤ」の関係に似ています。ＵＤフォントはそもそものデザインから見直すことで、より多くの人が読みやすいフォントを目指しており、まさにデザイン志向型ＵＤです。じぶんフォントは、読みやすいフォントを選ぶことができるオプションを作ることで読みの困難を軽減することを目指していて、オプション志向型ＵＤと言えるでしょう。これはどちらが優位というわけではなく、どちらのアプローチも等しく読みの困難を軽減するという目的は共通していますので、両者共に発展していくと良いなと思っています。

※11　https://www.jibun-font.com

4 教育のユニバーサルデザインとは

ユニバーサルデザインの考え方を教育に応用する

UDの考え方は、インクルーシブ学級を実現するために不可欠です。これまでの通常学級から、より多様性を包摂するインクルーシブ学級にしていくためには、教育のユニバーサルデザイン化を進めていかなければなりません。

では教育のUDとは何か。阿部利彦先生は教育のUDを3つの柱で整理[N]しています。1つが「授業のユニバーサルデザイン（授業UD）」であり、通常学級で行われる授業を徹底的にユニバーサルデザイン化していくことが求められます。

2つ目は「人的環境のユニバーサルデザイン」です。人的環境とは、子ども達を取り巻く人間関係であり、子ども同士だけでなく教師と子どもの関係も含めます。そのために学級経営にユニバーサルデザインの視点を導入することが必要です。

3つ目は「教室環境のユニバーサルデザイン」です。この教室環境は、設備等のハード面だけでなく、掲示物の整理や座席配置など、教室をどのように使っていくかというソフト面も含めて、ユニバーサルデザイン化していきます。

3つの柱のうち、本書では主に授業UDに焦点を当てて、これからのインクルーシブ学級を考えていきますが、人的環境のUDや教室環境のUDも重要であることは言うまでもありません。ただし、この3つは必ずしも切り離して考えることができるものではなく、授業のUD化を進める中で人的環境のUDを図ることもあるでしょうし、その反対に人的環境のUD化が進んでいることが授業UDをさらに推し進めることもあります。また教室環境のUDは、授業UDを行う上での前提になっているところもありますので、授業UDに関する話をしていく中で、合わせて人的環境のUDや教室環境のUDについても触れていきます。

「授業のユニバーサルデザイン」の始まり

授業UDとは何かを考えるために、これまで日本では授業UDがどのように検討されてきたのか振り返ってみたいと思います。

「授業のユニバーサルデザイン」という用語が日本の教育現場で盛んに用いられるようになったのは、特別支援教育開始前の2004~2005年頃に遡ります。佐藤慎二先生（当時は公立小学校教諭、現在は植草学園短期大学特別教授）と太田俊己先生（千葉大学）は、2004年の『発達の遅れと教育』誌[※12]の特集の中で「一斉指導の授業では障害への対応は難しい。しかし、障害による困難さが授業の中での社会的な不利にならない状況づくりは可能だろう。十分に必要な配慮がなされた授業のありよう――授業のユニバーサルデザイン化――を追求することは、今後の特別支援教育推進にあたって必須の要件となろう。」と述べ、具体的な授業づくりの要点としてスケジュールの明確化や板書やカード類の工夫、指示の工夫（視覚的手がかりの活用や1文を短くして指示する）などを挙げています。通常学級に在籍する発達障害のある子どもを念頭に、一斉授業の中に様々な配慮をしていくことを「授業のユニバーサルデザイン化」と呼んだのです。

その後、2007年に特別支援教育が開始されると、通常学級における発達障害のある子どもへの支援を充実させる、という方向で授業UDが紹介されるようになりました。たとえば2007年の『特別支援教育研究』誌の中で佐藤慎二先生は授業UDを次のように表現していますP。

① LD等の子どもには「ないと困る」支援であり、
② どの子どもにも「あると便利」な支援

この〝ないと困る〟〝あると便利〟な支援という授業UDのキーワードは、以後、様々なところで引き継がれていきます。たとえば花熊曉先生（元愛媛大学教授、現在は関西国際大学教授）は、「学級の子どもたち全員が『楽しく、わかる、できる』授業を行い、つまずきのある子には『なくてはならない支援』であると同時に、学級の他の子どもたちにとっては『あると便利な支援』を目指す授業」Q と述べています。

特別支援教育が開始される前後には、こうしたマジョリティ（多数派）の人にとっては〝あると便利な（なくても困らない）〟支援だが、マイノリティ（少数派）の人にとっては〝ないと困る〟支援を積極的に導入するという方向性での授業UDの解説が多くみられます。こうした授業UDの説明を改めて考えると、それまでの特殊教育時代における個別の支援をベースに、通常学級に拡大適用していく方向で進めていこうとしていた、と言うことができるでしょう。しかしながら、先述したユニバーサルデザインの理念を踏まえると、個別の支援を通常学級にも拡大することは、どちらかというとバリアフリー的な発想に近く、マジョリティにも有効であるという点を指してユニバーサルデザインであると位置付けているように思われます。

一方、授業における支援を拡大していくだけでなく、学級経営や交流及び共同学習などとの関連についてもユニバーサルデザインの視点から取り組むという動きも始まってきます。２００８年には『特別支援教育の実践情報』（特別支援教育の実践研究会編）誌で「ユニバーサルデザインの考えに

※12　全日本特別支援教育研究連盟の機関誌で、２００６年４月から『特別支援教育研究』に改名しています。

よる特別支援」という特集が組まれ、ユニバーサルデザインの学級運営や学級風土づくりなどが提唱されており、障害理解教育や交流及び共同学習、保護者の理解や支援についても触れられています。

　そうした流れの集大成が、２０１０年に発行された東京都日野市の公立小中学校での取り組みがまとめられた『通常学級での特別支援教育のスタンダード：自己チェックとユニバーサルデザイン環境の作り方』[R]という書籍です。東京都日野市教育委員会と明星大学の小貫悟先生、そして日野市の小中学校教員約６５０名が平成18～21年に取り組んだ様々なＵＤの手立てが実に１４７事例と共に紹介されており、またチェックリストによって教師が自らの授業づくりや学級経営を省みることができる、いわば〝手引書〟としてまとめられています。

　この本では、こうした日野市の取り組みを「ひのスタンダード」として策定しています。これは通常学級でのＵＤの視点に基づいた支援を、担任教師の個人的な取り組みに留めるのではなく、広く共有していきながら「これくらいは通常学級で取り組んでいこう」という各小中学校の通常学級での特別支援教育の内容と基準を具体的に示すという試みです。ところが、この後〝スタンダード〟が一人歩きすることによって授業ＵＤに対する誤解や批判も見受けられるようになります。

また、この黎明期では、発達障害だけでなく知的障害児も対象にしたユニバーサルデザイン授業のあり方についても、埼玉大学（現・特別支援教育総合研究所）の長江清和先生と細渕富夫先生による「小学校における授業のユニバーサルデザインの構想：知的障害児の発達を促すインクルーシブ教育の実現に向けて」[S]という論文で検討されています。この論文が公刊された２００５年は、第Ⅰ部で紹介した特別支援教育への移行に際してフル・インクルージョンを実施するか、部分インクルージョンを実施するかを議論している時期です。内容は主に、知的障害のある子どもを通常学級でインクルーシブするための教育のあり方として、障害のある子どもへの指導計画と、それ以外の子どもの指導計画の2つを、どのように両立させるかについて検討されています。

この論文で特筆すべきは、この頃に既に長江先生と細渕先生は先述したユニバーサルデザインの7原則を基に、次のような「授業をユニバーサルデザインするための7原則」を構想されていることです。

① 全ての子どもたちが、学びに参加できる授業
参加に対して制限のない、学習活動が保障されている授業のこと。学びの共同体の一員となりうる最低限の学習のレディネスを獲得している、または必要な支援の基に保障されていることで、学びの共同体としての共通課題が存在していることが必要である。

② 多様な学び方に対して柔軟に対応できる授業
多様な興味・関心に対応でき、多様な学びのスタイルに対応できる授業のこと。一人一人の学び方が保障され、多様な学び方の重なり合いや絡み合いが、豊かな学びとして評価されるようにすることが必要である。

③ 視覚や触覚に訴える教材・教具や環境設定が準備されている授業
視覚や触覚による手がかりで、何を学ぶのかが理解することができる、わかりやすい授業のこと。学びの興味・関心を引き出し、学び方やその目標とすることを把握するために、教材・教具の工夫や環境設定の工夫が必要である。

④ 欲しい情報がわかりやすく提供される授業
欲しい情報がわかりやすいメディアで必要な時に提供される授業のこと。学びの支援となる情報が、必要なときにすぐに手に入れることができるように、整理された環境づくりをすることが必要である。

⑤ 間違いや失敗が許容され、試行錯誤しながら学べる授業
試行錯誤しながら学ぶことが認められている授業のこと。試行錯誤するための時間と機会と環境設定が必要である。

⑥ 現実的に発揮することが可能な力で達成感が得られる授業

一人ひとりの課題を把握し、適切に設定された課題に取り組む学びができる授業のこと。正確な実態把握と適切な課題設定をすることが必要である。

⑦　必要な学習活動に十分に取り組める課題設定がなされている授業
子どもの興味・関心から生まれた活動が、十分に展開できる授業のこと。環境設定などの理由から、活動を制限して子どもの意欲をそがないように環境設定に留意することが必要である。

このように長江先生・細渕先生が提案された授業のユニバーサルデザイン7原則は、現在の授業UDの取り組みで重要視している視点が多く含まれています。まさにインクルーシブ教育を実現するために通常学級のあり方を変えていくこと、インクルーシブ学級の実現を志向していたことがうかがえます。

しかしながら、その後は第I部で述べたように、特別支援教育の制度が部分インクルージョンの形で開始されたため、長江・細渕論文が目指した「知的障害児をインクルージョンする通常学級」という方向は雲散霧消してしまいます。また具体的な指導実践が紹介されていたものの、低学年の生活科や体育や音楽、運動会へ向けての特別活動における交流・共同学習が主なため、通常学級での授業づくりという点で具体的な取り組みにまで言及されていなかったということもあるかもしれません。

「授業のユニバーサルデザイン研究会」の発足

ここまで授業ＵＤの取り組みが日本の学校現場で開始された２００５〜２００８年頃の、いわば黎明期の話をしてきました。特殊教育から特別支援教育へ転換するに当たって、通常学級に在籍する発達障害児がクローズアップされることで、急激に授業ＵＤの取り組みが広まっていったのです。

これまで述べてきたように、黎明期においては主に個別的な対応や環境調整、または伝わりやすい指示や説明の方法など教育技術的な側面についての取り組みが多く、「あると便利・ないと困る」ものとして授業ＵＤが定義されていました。ある意味では、これは従来の特殊教育の視点を通常学級に拡大適用していくという意味で、特別支援教育側からのアプローチであった、と言えます。そのため、特別支援教育に熱心な先生方には着目されていましたが、多くの通常学級担任の先生方には必ずしも広まっていませんでした。通常学級を担任する先生は、いずれかの教科が専門であることが多いため、教科教育の改善に直結するようなアプローチでないと訴求力が弱かったのです。

そのような中で、２００９年に国語教育で有名な筑波大学附属小学校の桂聖先生が中心となり、「授業のユニバーサルデザイン研究会」が発足しました。桂先生は言わずと知れた全国で研修講師や飛び込み授業を行っている国語授業のプロフェッショナルですが、ある研修会で特別支援学級に在籍するＡ君も参加する飛び込み授業を担当したことがきっかけで授業ＵＤに取り組むようになったと語っています[T]。それまで桂先生は「フリートーク」（「基調提案 - 検討」方式の話し合い活動）のシステムを取り入れた国語授業のあり方を展開されていました。しかしある時、特別支援学級に在籍していて知的障害があるＡ君が通常学級での飛び込み授業に参加することになり、それまでやってきたフリートークの授業では難しいと考えた桂先生は、指導内容を絞り込んだり、視覚的教材を示したり、ペアの活動を取り入れた授業を実施したところＡ君が大活躍する授業になり、そしてＡ君の活躍が他の子にも広がっていったのです。ここを起点として、現在の授業ＵＤのキーワードである「焦点化」「視覚化」「共有化」が生まれてきました。

桂先生の授業ＵＤの特徴は、単純に個別の配慮を拡大していくのではなく、一斉指導の工夫をした上で個別の配慮をする、という順序を明確にした点にあります。その意味では、バリアフリー的な発想に近かった黎明期の授業ＵＤに比べて、「後付けではなく、設計段階から障壁を作らない」という、よりユニバーサルデザインの本質に近いと言えます。桂先生は、「個別の配慮も大切だが、そもそもの授業自体を楽しく学び合い、『わかる・できる』にしようというのが、授業ＵＤの特徴」と述べ、特別支援教育の視点を取り入れながら、ねらいを絞り込んで教科の授業をより本質的にする、と強調しています。そして具体的な手立てとして、国語授業では「論理」を目標にした上で「焦点化・視覚化・共有化」の視点を取り入れることを提唱しました。

こうした教科教育側からの授業ＵＤのアプローチは非常に訴求力が高く、多くの通常学級担任に授業ＵＤが着目されるようになりました。毎月行われる授業のユニバーサルデザイン研究会の定例会には多くの教師が詰めかけ、各地に支部[※13]や部会[※14]が作られるようになりました。そして、授業のユニバーサルデザイン研究会は、２０１６年１月には一般社団法人「日本授業ＵＤ学会」として正式にスタートすることになります。

授業のＵＤモデル

授業のユニバーサルデザイン研究会（後の日本授業ＵＤ学会）が提唱する授業ＵＤのカタチは、全国の支部や部会を通して拡がり、各地の学校で授業ＵＤの実践がなされるようになりました。様々な学校現場の取り組みの中核的なモデルになったのが、小貫悟先生が提案された授業のＵＤモデル[U]です。このモデルは何度か改訂が試みられていますので、本書では２０１８年のバージョン[V]をもとに説明します。

授業のＵＤモデルでは、授業での「学び」を４段階の階層モデルとして捉えます。三角形の山型構造で〈参加〉〈理解〉〈習得〉〈活用〉の４層が連なっている、という図式です。下部の視点が上位の視点を支える配置となっており、授業ＵＤを実践する際に下部の視点から取り組んでいく方が効果的であることが示唆されます。

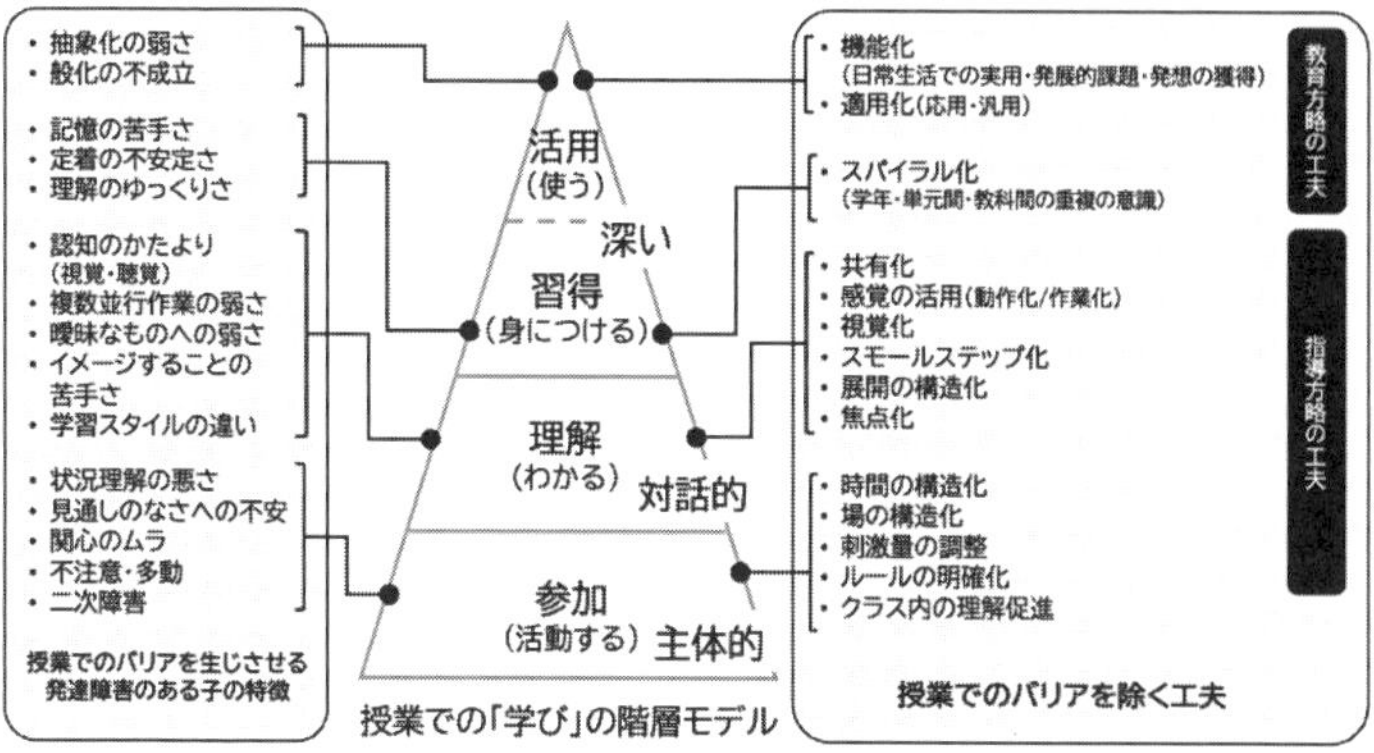

授業のUDモデル（小貫，2018）

授業は、まず〈参加する〉ことがスタートになります。今日の授業に参加していないのに、今日の学習が理解できるわけがないからです……このように述べると、「いや、授業に参加していないのにテストでは100点をとる子もいる」という反応をされる方もいるかもしれません。たしかに不登校のお子さんで、授業を全く受けていないのに学習的には遅れていない、というお子さんは確かにいらっしゃいます。特に知的に高い発達障害のお子さん（アスペルガー障害など）には、そうしたタイプが多いと思いますが、それは学習内容として最低限の知識を教科書を通して学んでいるだけで、授業における学びとは違います。日本の教科書はとてもよくできているため、子どもが教科書を読んだだけで「分かったつもり」にさせてしまうところがあります。学

※13　2023年10月現在、全国23支部。
※14　各教科や領域・分野毎に設立、2023年現在10部会。

習の本質としては単純に教科書に書かれてあることを理解するだけでなく、「どのようにすれば、この問題を解決することができるのか」という、問題解決能力を育む必要があるからです。授業に参加しなければ、こうした問題解決能力を育むことは難しいため、やはり授業は〈参加〉することからスタートすべきです。

授業に〈参加〉できたら、次は〈理解〉のレベルです。授業に参加することと、授業での学習内容を理解することは別であることは、ほとんどの人が納得されるでしょう。授業中に真面目に教師の指示に従って学習活動に参加している子どもでも、授業のねらいを達成できるかどうかは分かりません。

続いて〈習得〉と〈活用〉のレベルに続きますが、実はこの2つのレベルは境界が曖昧で、どちらが上位に来るのかも微妙なところがあります。多くの子どもを見ていると、〈活用〉よりは〈習得〉が先のように思えますが、はっきりとした根拠もないため、この図ではこの2つの境界線は破線で記されています。

このように授業を4段階の階層構造として捉えたとき、それぞれのレベルでバリア（障壁）となる発達障害のある子どもの特徴（〝特性〟と言い換えても良いと思います）が左側にまとめられています。この子どもの特徴はあくまで発達障害のある子どもによく見られるものを取り上げているだけなので、子どもによってはこれ以外の特徴を示す場合もありますし、さらに発達障害以外の特別なニーズを抱える子どもでは別の特徴もあるでしょう。しかし、それぞれの特徴がどの階層のバリアになるかという視点を教師が持つことが授業改善にいかに重要かを端的に示しているという点で、この授業のＵＤ化モデルはよく練り上げられていると言えます。

それに対して、三角形の右側ではバリアを取り除く工夫、すなわち授業ＵＤの手立てが階層毎にまとめられています。このうち〈参加〉と〈理解〉のレベルの手立ては教師が日々の授業づくりの中で取り組むべき「指導方法の工夫」として、〈習得〉と〈活用〉レベルは年間指導計画やカリキュラム・マネジメントなどの全体的な「教育方略の工夫」として位置付けられています。また〈参加〉の手立ては主体的な学び、〈理解〉は対話的な学び、〈習得〉と〈活用〉は深い学びという対応関係があるとされています。

この授業のＵＤモデルを見ると、授業ＵＤの手立てがどのような子どもの特徴に対応するのかがよく分かります。概ね〈参加〉レベルに位置付けられている手立ては、授業ＵＤ黎明期に提案されたような授業へのアクセシビリティ（Accessibility：近づきやすさ、利用のしやすさ）を高めるための手立てが中心で、特別支援教育側の視点が色濃くなっています。それに対して〈理解〉レベルの手立ては、焦点化・視覚化・共有化など、桂先生が提案された教科教育側の視点が反映されていることがうかがえます。まさに授業のＵＤモデルは「教科教育と特別支援教育の融合」として結実したものと言えるでしょう。

〈参加〉レベルの手立て：授業のアクセシビリティを高める

それぞれの手立ての詳細な解説は他書に譲りますが、ここでは各レベルの手立てがどのようなものなのかをイメージできるように、簡単に説明していきたいと思います。

まず〈参加〉レベルの手立てです。〈参加〉レベルで想定しているのは、主にＡＳＤのある子どもたちが示す状況理解の悪さや、見通しのなさに対する不安、こだわりによる関心のムラ、ＡＤＨＤのある子どもが示す不注意や多動、そして何らかの二次障害によって授業に参加できなくなってしまったお子さんです。そのような特徴を示す子ども達がスムーズに授業に参加できるように「時間の構造化」、「場の構造化」、「刺激量の調整」、「ルールの明確化」そして「クラス内の理解促進」などの手立てが取り上げられています。「時間の構造化」と「場の構造化」はいずれもＴＥＡＣＣＨプログラム[※15]と呼ばれるＡＳＤのある子どもに対する支援アプローチの手法を取り入れています。「刺激量の調整」は、不注意や感覚過敏のある子どものための環境調整として以前から行われてきたことですし、「ルールの明確化」はＡＳＤのある子どもが暗黙の了解に弱いという社会性の弱さが指摘されるようになった「心の理論」研究からの知見を基にしています。また「クラス内の理解促進」は障害理解教育や道徳教育の実践などの流れを汲んでいると思われます。

このように〈参加〉レベルの手立ては、それまでの特殊教育分野において積み上げられてきた様々な手立てが取り上げられており、発達障害のある子ども達を念頭に授業への〈参加〉を促すための効果的な方策であると言えます。小貫先生によると、「通常の学級に在籍する特別なニーズのある児童生徒は、特に授業への〈参加〉につまずくことが多く、この階層への対応は極めて重要である」とされています。一方で、「時に〈参加〉させることだけに汲々としている授業者を見ることがある。そもそもなぜ〈参加〉しないのか？　それは授業が〈理解〉できないからである」と述べており、この〈参加〉レベルの手立てだけでは充分ではないと釘を刺しています。もし〈参加〉レベルの授業改善だけを行って〈理解〉レベルの授業改善を行わない場合、子ども達は分からない授業に参加することだけが強要されることになります。そのような状態は子どもに苦痛を与えることは言うまでもありません。

〈理解〉レベルの手立て：焦点化

では〈理解〉レベルの手立てを見てみましょう。〈理解〉を促すための手立てとして有名なのは

※15　米ノースカロライナ州立大学のSchopler博士らによって開発されたアプローチ。「Treatment and Education of Autistic and related Communication-handicapped CHildren」（自閉症及び、それに準ずるコミュニケーション課題を抱える子ども向けのケアと教育）の略で、「構造化」という手法を用いて環境を整理することでASDの人たちの状況理解を容易にすることを目指すアプローチです。

「焦点化」「視覚化」「共有化」の3つですが、それ以外にも「展開の構造化」「スモールステップ化」「感覚の活用（動作化／作業化）」といった手立てが記されています。このように〈理解〉を促す手立てには他のものもあるのですが、多くの授業UDに対する実践で「焦点化」「視覚化」「共有化」の3つが取り上げられる理由は、この3つの手立ては、ほとんどの教科に共通して有効と考えられるからです。そのため〝授業UDと言えば「焦点化」「視覚化」「共有化」〟と思われていることも多いのですが、その他の手立てもあることを忘れてはいけません。

「焦点化」は、授業のねらいや活動をしぼってシンプルな構成にすることです。発達障害の子どもは特にそうなのですが、多くのねらいや活動を詰め込みすぎた授業だと、その授業自体は派手な印象になり、子ども達もその場では盛り上がることがあります。しかし、そのようなねらいや活動を詰めすぎている授業は総じて、子ども達が「何を学んだか」があやふやになってしまうことが多いと思います。私も学生の教育実習の授業を参観することがありますが、教育実習生の研究授業でよく見る失敗のパターンの1つは、活動を詰め込みすぎていて学びの焦点がぼやけてしまった授業になることです。

ただし、「焦点化」は具体的な手立てそのものを意味するものではなく、あくまで授業のねらいと活動を整理することであり、それにより子どもの学びを促進することを意味します。したがって、〈焦点化〉の手立ての具体的な内容は、教科や単元によって大きく変わります。子どもに投げかける

「発問」を工夫することだったり、教材にしかけを施したり、授業展開を工夫したりなど、多岐に渡ります。大切なのは子どもが学習課題の本質的なねらいに向かうようにすることです。

授業を「焦点化」する場合、その教科や単元のねらいに対する教師自身の授業観が問われます。たとえば桂先生は、国語授業の中心に文章の読み方や書き方の〝論理〟を据えています。説明文や物語文の読み方や書き方を具体的に明示して教えることが重要であり、それを〝論理〟と呼んでいます。したがって国語授業の「焦点化」は、子どもが文章の論理的な読み方や書き方に気づき、それを自分のものとして身につけることができるように「しかけ」を作ったり、どのような文章であっても統一的に構造を把握できるように統一したフォーマットを用いたりして「焦点化」します。同じように、算数・数学においては、単純に計算方法や問題の解き方を身につけることではなく、子どもが算数・数学的な見方・考え方ができるようになることを目標にするべきです。そのために問題自体に「しかけ」を入れて提示したり、教師の発問を工夫したりするなど、様々な方法によって焦点化が行われます。教科や単元によって具体的な「焦点化」の手立ての内容は変わっていくのです。

〈理解〉レベルの手立て：視覚化

「視覚化」の手立ては〈理解〉レベルに位置付けられていますが、〈参加〉レベルの手立てとして行われる場合もあります。聴覚的な情報処理が苦手なお子さんの場合、口頭での指示や説明などでは伝わりにくいため、指示を板書したりイラストによる説明を加えたりして視覚的にも情報を処理できるようにすることは、授業に対するアクセシビリティを高め、子どもが授業に〈参加〉しやすくなることにつながります。しかしながら、授業UDにおける「視覚化」とは、単なるアクセシビリティの問題だけではなく、〝見えないものを見えるようにする〟ことが、学習内容の深い理解を促し、教科の本質につながることをねらいにします。

たとえば国語の物語文の授業で、登場人物の心情が直接書かれず情景描写によって描かれている場合があります。有名なもので言えば「大造じいさんとガン」※16で大造じいさんがガンの頭領である残雪との戦いの日を迎えた朝の場面があります。ここでは大造じいさんの心情が直接表現されてはいませんが、「東の空が真っ赤に燃えて、朝が来ました」という1節に大造じいさんの気持ちが表されていると考えられます。文章に書かれている言語的な意味を字義通りに読み取ってしまうタイプのお子さん（ASDのお子さんに多いと思います）だと、単純に朝が来たという時間の経過を示しているだけとなってしまい、情景描写という表現技法を理解することができません。

そこで「視覚化」の手立てを導入し、この場面がどういう様子なのかを視覚的に確認できるようにします。教師が明け方の東の空を撮影した実際の写真を子ども達に提示します。すると、実際は真っ赤ではなく、せいぜいオレンジ色であることが子ども達に伝わり、文章が実際の明け方の東の空の様子を単純に表現したものでないことに気づきます。おそらく文章を字義通りに読むお子さんほど、「東の空が真っ赤に燃えて」という文章がそのままの意味ではないことに違和感を持つのではないでしょうか。そして「なぜ作者（椋鳩十）は、東の空は本当はオレンジ色なのに〝真っ赤に燃えて〟と書いたのだろう」と問いかけ、大造じいさんの心情を情景描写によって表現しようとした作者の意図に想いを馳せるようになるのです。

このように「視覚化」は単純に視覚的な情報を加えることで情報を理解しやすくするというだけではなく、見えないものを見えるようにすることで子どもの注意を惹きつけたり、文章を読んだだけでなんとなく分かったつもりになっていたりする子どもを揺さぶることにもつながります。それにより子どもが深い学びを達成できるようにしていくのです。

〈理解〉レベルの手立て：共有化

「共有化」は、子ども同士がお互いの考えを伝え合うことでより深い理解へと促すための手立てです。具体的にはペア・トークやグループでのディスカッション、全体での意見発表などの話し合い活動が行われることが多いのですが、一方で、発達障害をはじめとする特別な教育的ニーズのある

※16　ここでは光村図書『国語　五　銀河』「大造じいさんとガン」（作者：椋鳩十）に基づいています。

子どもは話し合い活動が苦手なことが多いため、〝なぜ「わかる・できる」を目指す授業UDなのに苦手な共有化をするのか？〟という疑問を持たれることがあります。発達障害のある子ども、特にＡＳＤのお子さんは話し合い活動がなぜ苦手なことが多いかというと、自分の考えを他者に伝えるために整理することが苦手なことや、人の意見を聞いて自分の考えとの違いを捉えること、またその違いを踏まえて自分の意見を省みることに難しさを抱えることが多いからです。

ではなぜ、苦手な子ども達もいるのに、あえて「共有化」のために話し合い活動を授業に導入するのかといえば、それは「共有化」をすることが、子ども達を深い学びへ誘うための大事な手立てになるからです。特に発達障害のある子どもは、教師からの一方的な説明や教科書を読んだだけでは、その説明の一部分だけを切り取って理解してしまい、学習の本質的な部分に気づかずに終わってしまうことがあります。そのため学習の過程で「今、どのように考えているか」を子どもに表現させることで、子どもの考えをその都度確認し、授業の本質的なねらいへ向かうように修正していきます。また発達障害のない、その他の子ども達も、自分とは少し違った視点に触れることで、より深い学びへと向かうことができます。

このように考えると、話し合い活動が苦手な子どもがいるから「共有化」をしない、というのは余りにも勿体無いです。ですが、もちろん話し合い活動が苦手な子どもが抵抗感なく参加できるように、ただペア・トークやグループディスカッションを行うだけではなく、話し合い活動に参加しやすくなる工夫をしっかりと導入することが必要です。たとえば、いきなり話し合いを始めるのではなく、考えをまとめるためのステップを作ったり（ワークシートを渡して自分の考えをまとめさせてからペア・トークを始める）、円滑な話し合いが行われるように話し合いのルールを明確にしたりなど、子ども達の話し合い活動を進める力に応じて様々な手立てを行うことが求められます。またタブレットなどのＩＣＴ機器を使って自らの考えを視覚的に表現することや、クラス全体で共有化することはどんどん容易になってきていますので、これから「共有化」の手立てはますます授業に取り入れられていくでしょう。

人的環境のＵＤ化

次に教育のユニバーサルデザイン化の３つの柱である「人的環境のＵＤ化」について考えていきましょう。言うまでもなく、授業のＵＤ化をより効果的に展開するためには、学級集団に特別な教育的ニーズのある子どもに対して受容的な支持的風土が必要であり、また十分にＵＤ化された授業は、クラスを「みんな違ってみんないい」という柔らかな雰囲気にしていきます。その意味で、授業ＵＤと人的環境のＵＤ化は、具体的な取り組みとして必ずしも分離できるようなものではありませんが、ここでは授業場面以外の人的環境のＵＤ化を論じます。

阿部利彦先生は、人的環境のＵＤ化を「子どもたちの心にアプローチして、子どもたちが学び合うための環境や関係づくりをすること」と定義しています。すなわち、対人関係のトラブルを発達障害児などの特別な教育的ニーズのある子ども側だけに原因を帰するのではなく、周囲の児童生徒を含めた人間関係の問題と捉えて、その人間関係を積極的にＵＤ化することが重要であるということです。いわゆる「空気の読めない」発言をして他の子どもとトラブルに発展することが多いＡ君について、Ａ君が場にそぐわない発言をすることが問題なのだと一面的に捉えるのではなく、Ａ君の発言を受容できないクラス内の人間関係にも問題がある、と捉えるべきなのです。そのため、発達障害のある子どもの言動を受容し、よりよい人間関係を構築するためのアプローチをすることが人的環境のＵＤ化では求められます。

　これまで、こうした子ども達の行動面や人間関係づくりは学級経営の一部として論じられることが多かったように思いますが、その多くがそれぞれの先生の個人的な経験に基づく説明で、系統的に理論立てられて学級経営が語られることは少なかったと思います。上越教育大学の赤坂真二先生は学級経営に関する学術的研究は乏しいことや、学習指導要領上に学級経営は明確な定義がなく、その内容が学級担任の職務全体にわたる複雑なものであると指摘[W]しています。赤坂先生によると、学級経営は歴史的に２つの流れがあり、「狭義の学級経営」は学級における学習のための秩序の形成（条件整備）であるのに対し、「広義の学級経営」は人間関係づくりや集団づくりなど、児童生徒自身が集団の一員として積極的に関わる自治的なクラスづくりを含んでいるとされています。現在の学校教育が目指す方向性として、広義の学級経営が求められているのは言うまでもありません。

赤坂先生は「通常の学級における特別支援が機能するためには学級経営の視点は欠かせない」と述べています。逆もまた真なり、学級経営が機能するためには特別支援の視点は欠かせない、と言うこともできます。多様な子ども達の存在を前提にした時に、どうやったら集団としてまとまることができるかは、一人ひとりが集団の一員であるという意識を培うことにかかっています。そのためには、一人ひとりの教育的ニーズを満たすことが重要であり、特別支援教育の視点がなければ達成することはできないのです。

人的環境ＵＤの具体的な手立て

具体的な手立てとして提案されているものに「Ｕ‐ＳＳＴソーシャルスキルワーク」[X]があります。これは社会性の獲得に困難があるＡＳＤなどの子どもに特化した個別式のソーシャル・スキル・トレーニング（ＳＳＴ）の方法を、集団で実施するためのワーク形式にした「ユニバーサルデザイン型のＳＳＴ教材」と位置付けられます。たとえば、「ふわっと言葉・チクっと言葉」の単元では、プリント教材を通して、「同じことを言うのにも相手が嫌な気持ちにならないような言葉やしぐさ」について学びます。学級全体に具体的なソーシャル・スキルを教えてそれを実践することを促すことで、クラスを柔らかな雰囲気にしていくことを狙いにしています。

また、ユニバーサルデザインと銘打ってはいませんが、近年注目されているSWPBS（School-Wide Positive Behavior Support：学校規模ポジティブ行動支援）も、人的環境のUD化として機能します。SWPBSはポジティブ行動支援（PBS）を学校システム全体で実施することで、発達障害児を含む全ての児童生徒が社会性を育むことができるようになっていきます。PBSは応用行動分析（ABA）の理論を背景にしていますが、問題行動の低減・消去ではなく、望ましい（ポジティブな）行動を育むという点と、問題が起こる前から取り組む積極的（ポジティブ）なアプローチという点が特徴です。このPBSを学校規模で実施するのがSWPBSです。日本国内でもSWPBSに取り組んでいる学校や自治体も増えてきましたし、実施に当たって参考になるような書籍等も多数発刊されるようになっていますので、詳しくはそちらを参考[※17]にされてください。

発達障害のある子どもを取り巻く周囲の子どもへのアプローチ

さて阿部利彦先生は、発達障害のある子どもを取り巻く周囲の子どもの存在について着目し、発達障害児と周囲の子どもの関係性を改善させていくことが重要である、と指摘しています。その際、周囲の子どもを大まかに4つのタイプに分けて、タイプごとにアプローチの仕方を変えていくことが望ましいと提案されています。

たとえば「問題行動を真似する子（模倣犯タイプ）」は、発達障害のある子どもの行動上の問題を見ているうちに、自分も同じような行動をしてしまう子どもです。模倣犯タイプの子どもは自身も少なからず困難感を抱えていることが多く、学習の理解度が低い、基本的な生活習慣が身についていない、などの特徴があります。発達障害のある子どもが授業中に離席などの逸脱行動をしているのを見て、自分も同じように逸脱行動をすることで自らの困難感に気づいて欲しい、と思っているのかもしれません。模倣犯タイプの子どもには、先述したような授業UDの手立てが有効であり、可能な限り授業に参加しやすい環境を作り、理解しやすいように工夫することが重要です。それに加えて、こまめに「ちゃんとみているよ」というサインを出すことで、本人の困難感に気づいていることを伝えていくことが求められます。その他のタイプ（「天敵タイプ」「〝影〟の司令塔タイプ」「ギャラリータイプ」）についても、それぞれのタイプ毎に特徴や対応のポイントなどが整理されています。発達障害児の周囲にいる子ども達も一人ひとり背景が違いますので、その背景を的確に掴んでアプローチすることが大切であり、発達障害児が受容されるクラスを作っていくために積極的に対応していくことが必要です。

※17　『学校全体で取り組むポジティブ行動支援スタートガイド』（若林上総・半田健・田中善大・庭山和貴・大対香奈子、ジアース教育新社、2023年）。

周囲の子どもに発達障害のことを説明するべきか

通常学級の担任をしている方や私の授業を受けた学生さんから「発達障害のことを周囲の子ども達にどのように説明したら良いでしょうか？」と質問を受けることがあります。周囲の子ども達が発達障害のある子どもの行動を不審に感じたり、発達障害児だけに支援が与えられていたりする場合、周囲の子ども達が「あの子のせいで自分たちは我慢させられている」「なぜあの子だけ先生が特別扱いするのか」など不満に感じることがあります。そうした不満が募り、クラスから発達障害児を排除する動きが見えてきた場合に、発達障害のことを説明することで納得してもらいたいという意図があると思います。

私はこうした質問には、原則「発達障害のことを周囲に伝えるのは避けた方が良い」と答えています。その理由は、発達段階にもよりますが「障害とは何か」を正しく理解することは難しく、中途半端に説明してしまうと、かえって障害という言葉が悪い方向に独り歩きしてしまうことが懸念されるからです。発達障害は特に、他の障害とは異なり見ただけでは障害があることが分かりにくいので、周囲の子どもにとっては「よく分からないけど、自分とは違う存在」と感じられて、余計にネガティブなイメージを持ってしまうことがあります。特に、クラスの中に発達障害児に対するネガティブな反応が出現しているような状況で、周囲に障害のことを説明してしまうことは、むしろ火に油を注ぐ行為であると考えられます。

〝周囲の子どもに説明して納得してもらう〞ことの最大の問題点は、発達障害児をインクルーシブしていくためにUDによる改善をするのではなく、周囲の子どもに我慢を強いて成立させよう、という発想が根本にあることです。本来、インクルーシブ学級は特定の誰かに負担や我慢を強いるようなものではありません。発達障害のある子どもを含めて全員の子が満足するものでなければなりません。

逆を言うと、周囲の子どもから発達障害児に対する不満が出てくるような場合、そのクラスはUDの取り組みが足らないと言えるのかもしれません。合理的配慮について説明した節でも述べましたが、周囲の子どもが不満を感じる理由の1つに、自分自身にも苦手と感じていることがあるのに自分には十分な支援が与えられていない状況があり、合理的配慮など十分な支援を受けている発達障害児が「特別扱いされている」と感じてしまっていることがあります。たとえば学習障害のあるAさんは書字に困難があり、短い時間で板書を書き写すことが難しい状況があったとします。そこでAさんには、あらかじめ板書計画をもとにしたプリントを渡したり、タブレットで板書を撮影することを認めたりと、合理的配慮として様々な支援を展開していきます。一方、クラスメートのBさんは、学習障害のあるAさんほどではありませんが、板書を書き写すのが苦手で、できれば自分も板書の転記から逃れたいと思っています。この時、教師がAさんだけに配慮をしているのを見たBさんが「なぜAさんだけ」と不満を訴えるのは当然なのではないでしょうか。

徹底してＵＤを行っている学級では、全員の困難感が少なくなり、誰もが快適に安心して学びを進めることができるため、Ａさんが合理的配慮を受けていても、それを不満に感じることはなくなります。板書の工夫をして書き写しやすいスッキリとしたものになっていれば、Ｂさんの負担も減りますので、Ａさんに対する配慮を不満に思うことは少なくなるはずです。むしろ、「こんなに書き写しやすい板書なのに、配慮が必要なほど困っているんだな」と発達障害のある子への理解も深まるのではないでしょうか。

教室環境のＵＤ化

教育のユニバーサルデザインの３つの柱の最後として、教室環境のＵＤ化について述べておきます。ただし、この教室環境のＵＤ化は大きくソフト面とハード面に分けることができ、ソフト面については授業のＵＤモデルの説明で触れた「刺激量の調整」や「場の構造化」「ルールの明確化」など、情報のアクセシビリティに関する手立てと重なります。ここでは教室環境のハード面、すなわち建築学の観点から教室環境のＵＤをどのように図るべきかについて説明しておきたいと思います。

教室や学校施設の整備は、文科省の「学校施設整備指針」によって大まかな方向性が示されます。現在は２０２２年6月に改訂された指針が最新バージョンです。その中で学校施設のバリアフリー化についても記されており、スロープや手すり、バリアフリートイレやエレベーターの設置などに配慮することが求められています。また特別支援学級や通級による指導のための教室の整備指針なども触れられています。また学校の建築基準については建築基準法及び関連法令によっても定められており、敷地面積や構造、防火や防災についての基準が定められています。

一方で、教室の広さそのものについては国の基準はなく、1950年に示されたモデルが7m×9mだったため、ほとんどの教室がそのサイズで設計されています。その頃に比べて学級編制基準は下がっていますので（1950年代の1学級あたりの人数は平均60名→現在は1学級35～40名）、子ども1名あたりの教室の広さは大きくなってはいますが、それでも高学年や中学生になると身体が大きくなるため、教室が狭いと感じることがあります。特に肢体不自由のお子さんが車イスや装具を使う場合は、十分な広さが確保できているとは言い難いでしょう。

教室の音環境を改善する

広さの問題だけでなく、教室の音環境についても課題があります。日本の教室では、外部騒音（外から聞こえてくる音）に関する規則[※18]はありますが、教室内で発生する音がどのくらい反響するかに

※18　「学校環境衛生基準」（文部科学省、2009）によって、窓を閉めた時に外部騒音が50dB以下になるようにすることが定められています。

ついては詳細な基準がありません。一般的に、残響音が強いと発話が聞き取りづらくなり、残響音そのものがノイズとしてストレスを与えることが知られています。特に難聴のため補聴器を利用している子どもは、残響音が強いと聞き取りづらくなってしまいます。また聴覚過敏を示しやすい知的障害や発達障害を有する児童生徒の場合、教室の残響音が強いことは学習そのものに影響を与えるだけでなく、慢性的なストレスによる情緒的不安定さや行動上の問題を引き起こすことにつながりかねません。

欧米では学校施設のための音響設定について詳細にガイドラインが定められていることが多く、イギリス教育省による音響建築設計基準（Building Bulletin 93: Acoustic design of schools: performance standards）では、残響音についても小学校の一般的な教室では０・６sec.以下[※19]に抑えるように定められています。またドイツ工業規格（ＤＩＮ）における吸音に関わる規格（DIN18041）では、インクルーシブ教育を行うための教室ではより厳しい基準（１２０㎥の教室で残響音０・４sec.以下）が示されています。日本は欧米に比べて残響音に対する認識が弱いと言わざるを得ません。

教室の残響音を低減するためには、天井や壁材に吸音機能のある資材を用いたら良いのですが、具体的な建築基準として明記されていないため、音楽室などの特別教室を除き、ほとんど吸音のことは考慮されずに設計・建築されてしまっています。日本建築学会は「学校施設の音環境保全基準・設計指針」を提案して具体的な数値を示しているのですが、法令上の制約がないため、実際には放置されているというのが現状でしょう。

私は同じ大学の工学部建築学科の川井敬二先生と共同で、教室音環境のユニバーサルデザインについての研究に取り組み始めています。教室の天井に吸音材を設置することで残響音レベルを下げると、補聴器をつけているお子さんが教師やクラスメートの発話を聞き取りやすくなったり[Y]、知的障害のある生徒の授業への参加行動が促進されたり[Z]など、学校現場における効果を確認しています。また大学生を対象にした基礎的研究ですが、残響音が強い環境下では短期記憶やワーキングメモリーを必要とする認知課題のパフォーマンスが低下し、特にADHD特性が強い被験者での成績低下が著しいことを見出しています[AA]。研究はまだ開始して間もないためさらなる検討が必要ですが、日本においても教室設計に明確な数値として建築基準が定められると良いと考えています。

オープンタイプの教室は発達障害には向かない

一時期、オープンタイプの教室というスタイルが流行りました。教室の壁をとっぱらってしまうことで、廊下や多目的スペースとの境目がない開放的な教室になる、という触れ込みで、新しい学校建築として盛んにもてはやされたものです。他クラスとの交流が促進でき、明るくて開放的な空

※19　残響音の強さは発せられた音が60dB減衰するまでの時間で表されます。

間が子どもに良い作用をもたらすと期待されました。

一方で、こうしたオープン型の教室では「音を出す活動がしにくい」「他クラスの授業が聞こえてしまう」などのデメリットがあることも指摘されています。特に発達障害のある子どもの場合、他クラスの授業が聞こえたり、騒音が入ることは集中を妨げたり、広い空間に不安になってしまうこともあります。結果的に、せっかくオープン型の教室を作ったのに、数年したら衝立をしたり可動式の壁を閉めたままにしたりしているという学校も少なくありません。

こうした教室環境を設計する際には、学習のつまずきを示しやすい子どものことを考慮して、どのような教室環境が望ましいかを検討する必要があります。それこそ、ユニバーサルデザインは建築分野より提案された概念ということを考えると、ＵＤの観点からインクルージョンを実現する教室設計のあり方が検討されていくことを期待します。

5 授業ＵＤの意義を再考する

授業ＵＤの効果はどれくらいあるのか？：検証授業の結果

さて学校現場における実践から始まった授業ＵＤですので、その効果がどれくらいあるかについては未知数なところが多く、授業ＵＤの科学的なエビデンス[※20]を積み上げていくことが長年の課題でした。もちろん優れた実践が多くの示唆をもたらしてくれることは言うまでもありませんし、学校現場においては科学的研究の必要性といってもそこまでピンとくるわけではないでしょう。ただ、優れた実践であってもその効果を客観的に検証しなければ、その知見を別の場所で使った場合に同じ効果が得られる保証は得られません。単に授業が上手な教員の名人芸ではなく、私たちの共有財産として授業ＵＤを普及させるためには、科学的なエビデンスが必要なのです。

※20　「エビデンス」＝実証や根拠という意味。研究によって得られたデータのことを指すことが多いのですが、必ずしもデータ＝エビデンスではありません。

そこで私の研究室では、授業ＵＤの効果を科学的に検証するための研究を行っています。ここでは既に公刊した論文を紹介したいと思います。まず授業ＵＤの主要な手立てである「焦点化」「視覚化」「共有化」を取り入れた算数授業について検討した菊池・内野論文[BB]からみてみましょう。

この研究は、通常学級に在籍する児童（3年生38名、4年生44名）を、学力検査の成績で同等になるよう2つのグループに分け、算数の同一学習内容を片方のグループにのみ授業ＵＤの手立て（視覚化・共有化・焦点化）を導入しました。もちろん、授業者による違いが生じないように、どちらのグループにも同じ教員（第2著者である内野）が担当することにしました。片方にのみ授業ＵＤの手立てを導入するのは倫理的な問題をはらんでしまうので、授業ＵＤの手立てを行わないグループには机間巡視をしてつまずいている児童には個別指導を行うなど、可能な限り個別的な配慮をすることにしました。そして検証授業は基礎的課題・発展的課題の2回を行い、基礎と発展では授業ＵＤの手立てを導入するグループを入れ替えました。さらに研究終了後に学習の成果が芳しくない児童には補充指導を行い、可能な限り不利益が生じないように配慮をしています。

題材にした単元は、数学的な考え方を評価の主観点とした「考える力を伸ばそう」（東京書籍）の授業で、3年生は「間の数に目をつけて」を取り上げました。いわゆる〝植木算〟の学習です。4年生は「ちがいに目をつけて」で、2量の共通部分に着目して問題構造を図に表して問題を解決する能力を身につけることをねらいにする単元です。

それぞれの授業後、子どもたちには授業内容に関する適用問題のテストを受けてもらい、さらに今日の授業の感想をアンケートで答えてもらいました。その結果、適用問題の成績は3年生・4年生どちらも基礎的課題においては統計的に有意な差が認められず、授業ＵＤの手立ての効果がみられませんでした。一方、発展的課題においては授業ＵＤの手立てを導入した方が有意に高い成績を示しました。基礎的課題で有意な差がみられなかったのは、授業ＵＤありグループでも授業ＵＤなしグループのどちらでも平均点が高く、天井効果※21が見られたものと思われます。発展的課題では平均点が下がるため、授業ＵＤありグループの方が高いという結果が確認されたものと思われます。ただし、特別な支援が必要だと担任から判断された児童（発達障害の診断を有している、学習のつまずきがある、学力偏差値が45以下、など）を抽出して成績を比較したところ、3年生では基礎的課題での有意な差がある傾向が認められました。特別な支援が必要な児童だけに限ると、人数が少ないため統計的な有意差は出にくいのですが、それでも授業ＵＤの効果が認められたのです。

さらに児童への授業後のアンケート結果をみてみます。3年生では授業ＵＤの手立てを導入した授業の方が、児童のポジティブな回答が多くみられました。特に「今日の授業は楽しかったですか」と「今日の勉強で『分かった』『できた』と思えましたか」の質問で基礎的課題と発展的課題どちら

※21　データの分布が満点に偏っているために有意な差が見られなくなる現象。

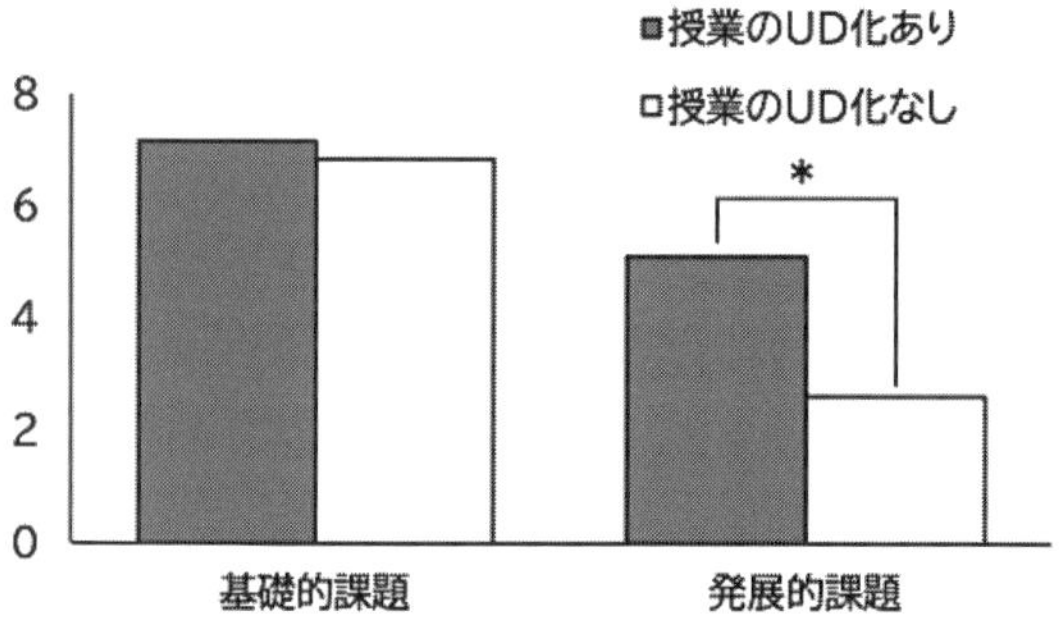

3年生の適用問題成績

＊5%水準で有意な差あり

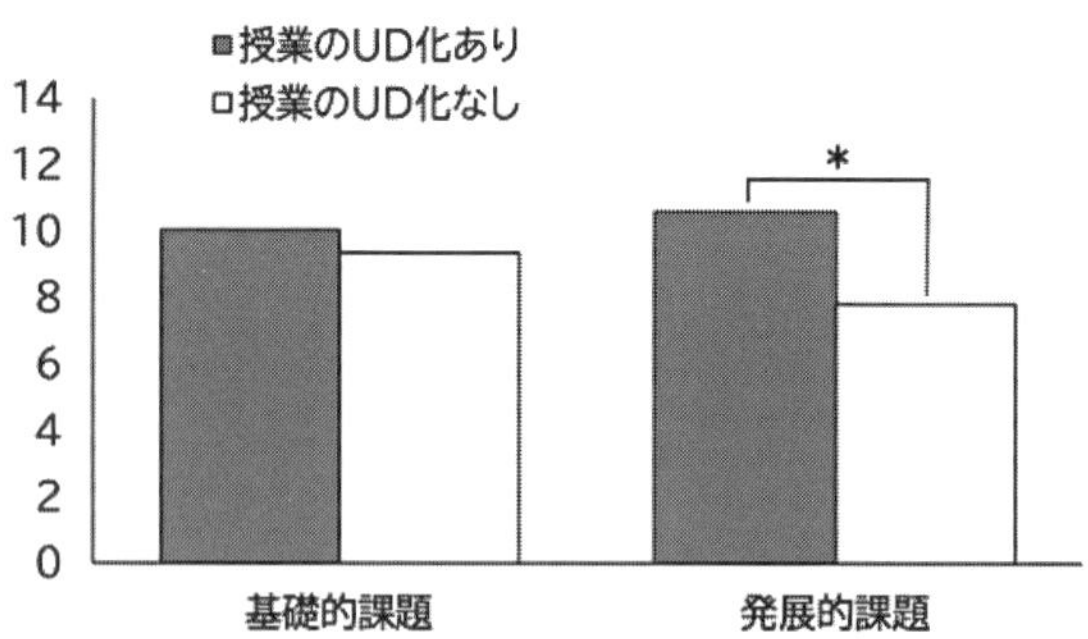

4年生の適用問題成績

＊5%水準で有意な差あり

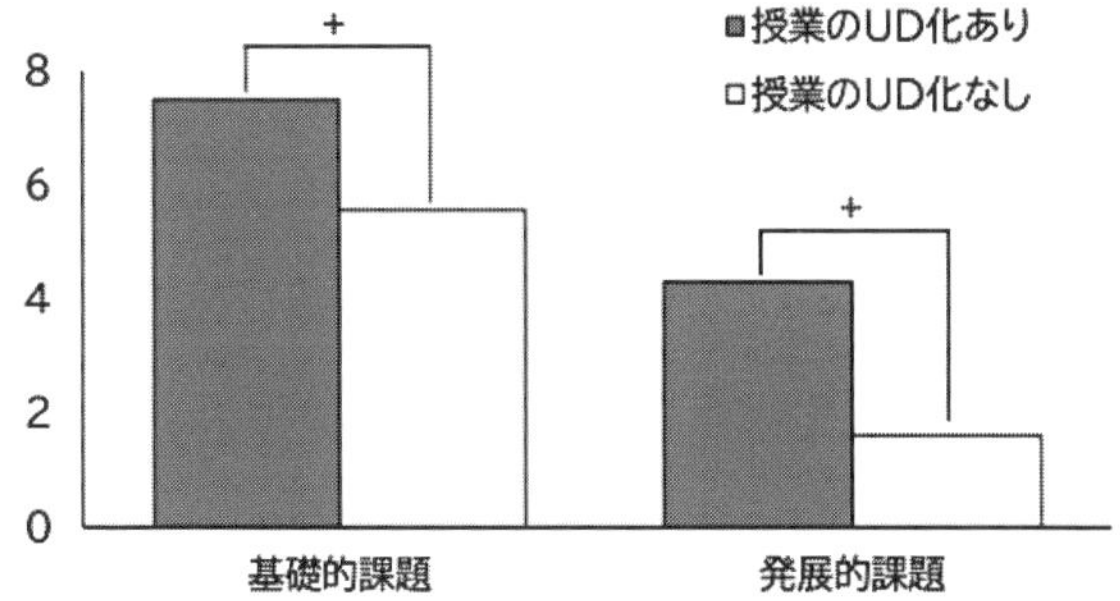

特別な支援を必要とする児童を抽出した場合（3年生）

＋ 有意な傾向がある（p<.10）

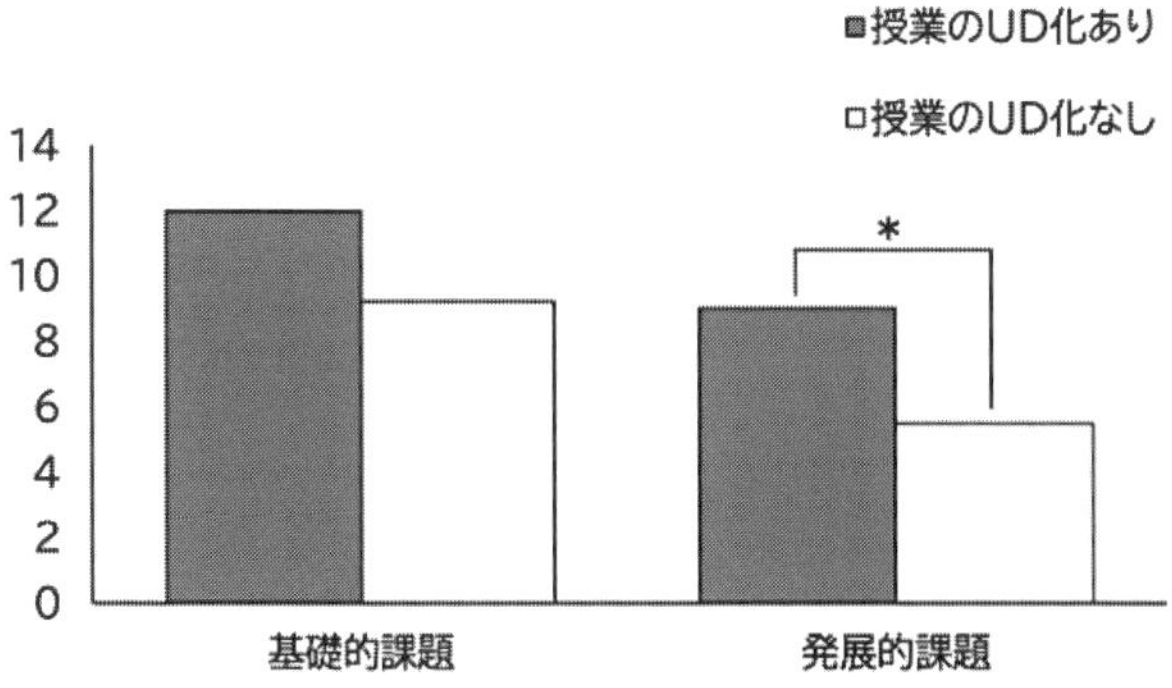

特別な支援を必要とする児童を抽出した場合（4年生）

＊ 5%水準で有意な差あり

も授業ＵＤありのグループの方が有意に高く、授業ＵＤの手立てを導入することで授業を楽しく感じ、「分かった」「できた」と感じられるようになるようです。特別な支援が必要な子どものアンケート結果を抽出しても、同様の結果が得られました。

しかしながら、４年生の授業後のアンケートでは、授業ＵＤありグループと授業ＵＤなしグループの間に有意な差は認められませんでした。適用問題の成績では授業ＵＤの効果が認められていますが（少なくとも発展的課題では）、算数は学年を追う毎に得意な子と苦手な子に分かれていきますので、それまでの授業で算数の苦手さを感じている子にとっては、１回限りのＵＤ授業では楽しさや「分かった」「できた」と感じることができないのかもしれません。

いずれにしても、授業ＵＤの手立てを導入することで、クラス全体の適用問題に対する成績は上昇し、特に発展的課題のようなより難しい問題の成績が向上するようです。そして特別な支援を必要とする子どもほど、授業ＵＤの効果は大きいことが示唆されます。まさにマイノリティの子どもには〝なくてはならないもの〟であり、マジョリティの子どもにも〝あると便利〟なものであると言えるでしょう。ただし、学年が上がると1回の授業を改善した程度では、子どもがその良さを実感するところまでは至りにくいので、じっくりと長期間に渡って授業ＵＤの視点に基づく授業改善をしていくことが必要なのかもしれません。

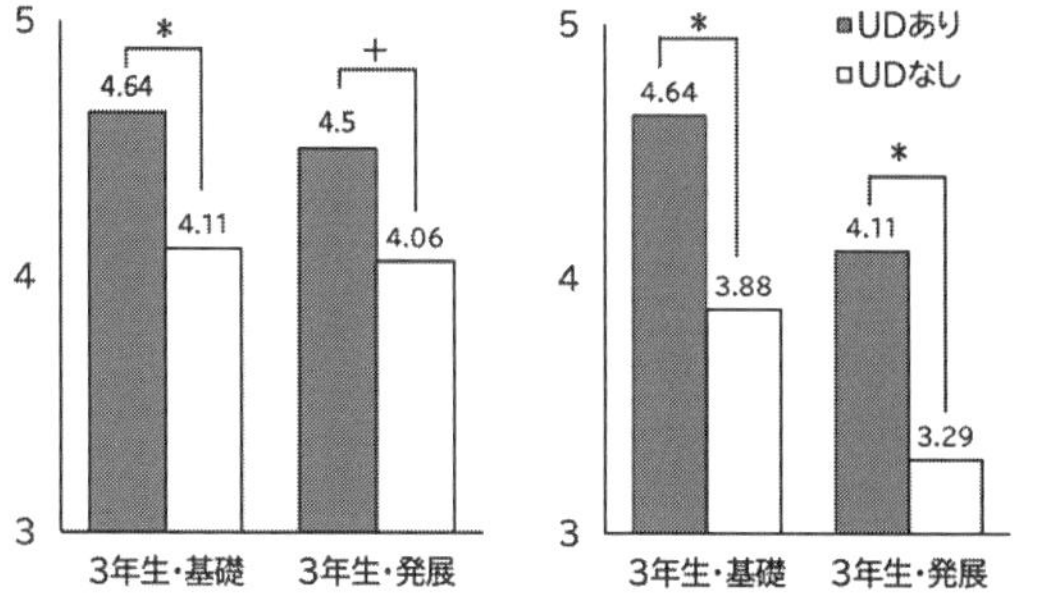

「今日の授業は楽しかったですか」　「今日の勉強で『分かった』『できた』と思えましたか」

授業後のアンケート(3年生)

＊ 5%水準で有意な差あり
＋ 有意な傾向がある(p<.10)

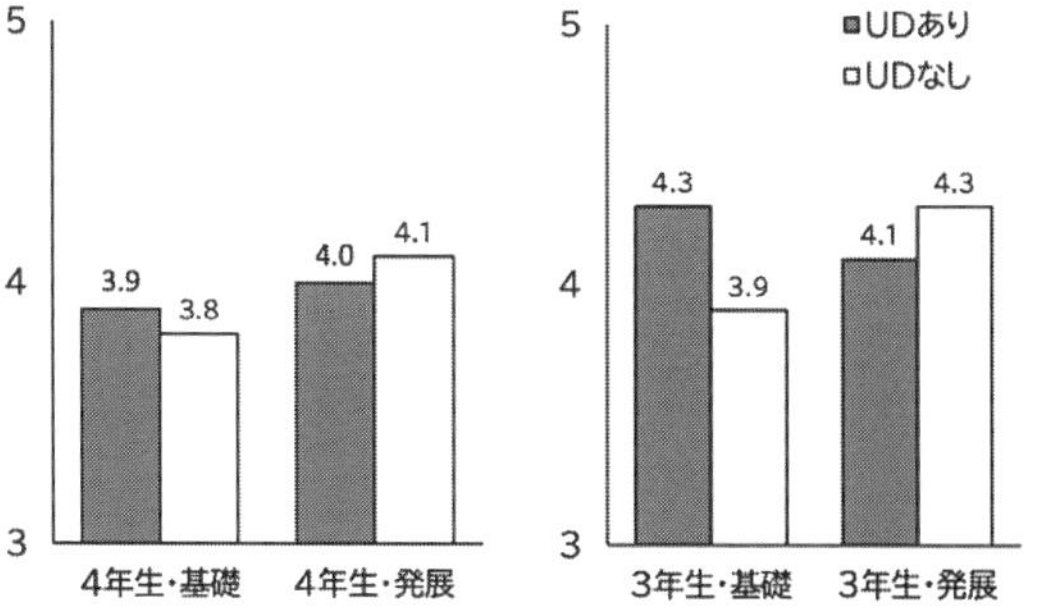

「今日の授業は楽しかったですか」　「今日の勉強で『分かった』『できた』と思えましたか」

授業後のアンケート(4年生)

いずれにも統計的な有意差は認められなかった

授業UDの取り組みを定量化する「授業UDスケール」の開発

先ほど紹介した研究は、1回分の授業に対する効果を検証したに過ぎません。したがって、担任の先生が毎日の授業づくりや学級経営などに授業UDの視点を取り入れて、長期間取り組んだ場合の効果を検証する必要がありそうです。しかしながら、具体的にどうやって検証するのか、かなり難しい問題と言わざるを得ません。そもそも授業UDの取り組みと、そうではない取り組みをどうやって区別するのかが問題になります。教師自身が授業UDの実践をしている意識がなくても、実際の取り組みとしては授業UDの手立てを用いていることがあるからです。

そのため、まずはそれぞれの教師の授業UDに対する取り組みを定量化することから始めないといけません。すなわち、それぞれの教師が授業UDの取り組みをどのくらい行っているかを数値で表し、その先生が担任しているクラスの実態を比較することで、授業UDに長期間取り組んだクラスの効果を検証することができると考えました。

まずは授業UDを定量化する「授業UDスケール」の開発です。授業UDの手立てをどのくらい取り組んでいるかを1～4点の範囲で得点化していく尺度を作成します。まず授業や学級づくりに関わりそうな様々な文献で紹介されている具体的手立てを集めました[CC]。内容が偏らないように、6つの領域（「環境調整」「情報伝達の工夫」「時間の構造化」「ルールの明確化」「参加の促進」「クラス内の相互理解」）を設定しながら、各10個ずつ合計60項目の手立てを選択していきました。この60項目を実

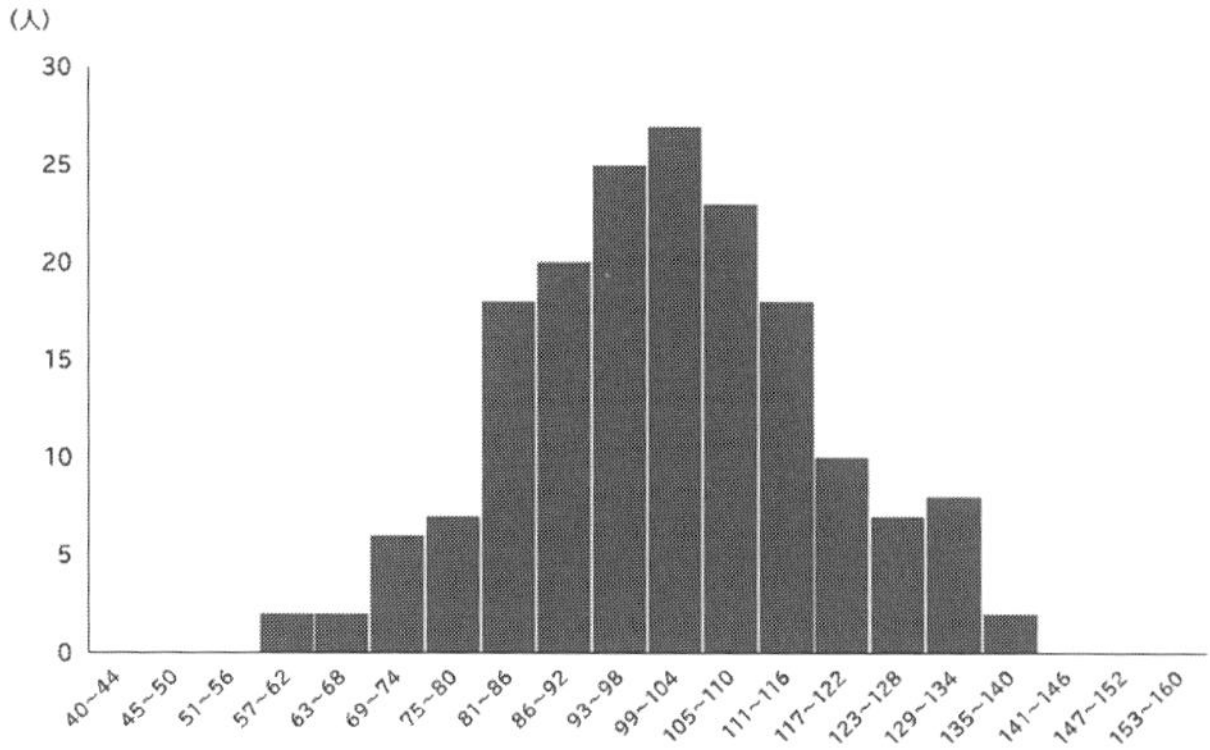

授業UDスケール総合点の分布

際にいくつかのクラスで試行して、基準が曖昧だったりつけにくいと感じたりするような項目やほとんどのクラスで満点がついてしまうような項目を除外していき、最終的に40項目にまで絞り込みました。

さて作成した全40項目の「授業UDスケール」が、正しく尺度として機能しているかどうかを確認しなければ科学的とは言えません。そのため、まずは授業UDスケールをある程度の人数に実施し、信頼性や妥当性が確保されているかを検証する必要があります。

まず公立小学校の通常学級担任をしている先生達にお願いして、授業UDスケールをつけてもらいました。尺度項目の説明だけでは分かりにくいことも考慮して、写真やイラストなどを添えてワークブック形式として質問紙を作成し、各学校で担任に配布、回収をしてもらいました。その結果、欠損値（回答忘れ等）のあった16名のデータを除いて、小1から6年担任の合計175名分のデータが集まりました。

175名分のデータを集計して、統計的に尺度が機能しているかどうかをチェックしました。総合点の平均は100・25点となり、標準偏差（SD）は16・12でした。偶然ですがWISCやビネー式知能検査などがIQ＝100、SD＝15〜16と設定されていますので、とても解釈しやすい値です。また得点の分布状況も正規分布していることを確認しました。尺度の内的整合性[※22]についてもα＝.914と高い値を示したため、この授業UDスケールによって教師の授業の取り組みを定量的に測定することが可能と言うことができます。

一方で、尺度全体としては妥当性と信頼性を確認することはできましたが、領域別では十分な信頼性を担保しているとは確認できませんでした。また尺度の構造について確証的因子分析という方法で検討したところ、モデルの適合度は十分なものではなく、各項目がどの領域に入るのかという分類や構造全体を見直す必要があると思います。したがって現段階では授業UDスケール全体での定量化のみで、領域別の分析は行えません。

授業UDに積極的に取り組んでいるクラスでは：「授業UDスケール」を用いた検証

さてこの授業UDスケールを用いて、教師による長期間の授業UDの取り組みの効果を検証してみましょう。ここでは公立小学校3校にお願いして、5年生と6年生に授業や学校生活に関するアンケート（「学校の授業は楽しいですか」「学校の授業はわかりますか」「〇〇（教科）の授業は楽しいですか」など）を実施し、さらにクラス担任に授業ＵＤスケールを実施してもらいました。対象は全部で18学級、児童は全部で５８６名でした。欠損値があるものを除き５５９名のデータを分析しました。18学級なので担任は18名ですが、一部に欠損値がある先生がいたため、その場合は再度説明の上で回答してもらいました。

担任教員の授業ＵＤスケールの結果から、総合点１００点未満の９クラス（児童数２９０名）を授業ＵＤ低クラス、１００点以上のクラスを授業ＵＤ高クラス（児童数２６０名）に分類しました。それぞれの在籍児童へのアンケートの回答を分析したところ、「授業がわかりますか」の質問で平均値に有意な差がみられましたが、かなり小さな効果量でした。また教科別の質問では、社会科のみ平均値に有意な差が認められる項目がありましたが、国語や算数では有意な差がありませんでした。

なぜ有意な差が認められないのかというと、これはユニバーサルデザインに関する研究ではありがちなことなのですが、ＵＤの効果を強く実感するのは、それを必要としているマイノリティの人たちであり、マジョリティの人たちには「あってもなくてもよい」ものとして効果を実感できない

※22　尺度を構成する各項目が全体として同じ概念を測定しているかどうかを表す指標のこと。通常、α係数が０・８以上であれば内的整合性が高く信頼性の高い尺度と判断されます。

ことが多いからです。そのため、子ども達の回答の平均値を比較しても、大多数の子どもの回答が変わらないため統計的な有意差が認められなくなっている可能性があります。

そこで、子どもへのアンケートの回答のうち、最低点と最高点をつけた児童の数に着目しました。授業ＵＤの手立てに効果があるのなら、大多数の子どもの回答は変化しなくても、各質問項目に1点（「授業は楽しいですか」の質問に「全く楽しくない（1点）」と回答するなど）をつける子の数は減るものと思われます。反対に各質問項目に4点（「とても楽しい」と回答するなど）をつける子どもの数も確認しました。

このような場合に用いる検定方法は、オッズ比検定と呼ばれる医学や薬学の分野で多く用いられる方法です。タバコを吸われる方は、箱のパッケージに「疫学的な推計によると、喫煙者は肺がんにより死亡する危険性が非喫煙者に比べて約2倍から4倍高くなります」という警告表示があるのを目にされると思います。すなわち、〝授業ＵＤにあまり取り組んでいないクラスでは、平均以上取り組んでいるクラスに比べて「授業が全く楽しくない」という子どもが○○倍になります〟という計算をして、それが統計的に有意かどうかを確認します。

結果は、予想通りでした。授業ＵＤ高クラスに比べて授業ＵＤ低クラスは「授業が全く楽しくない」と回答した児童の割合が5・6％から13・4％と2・41倍になり、さらに「発表が嫌い」と回答した児童も1・73倍になることが示されました。反対に各質問に対するポジティブな回答（4点）

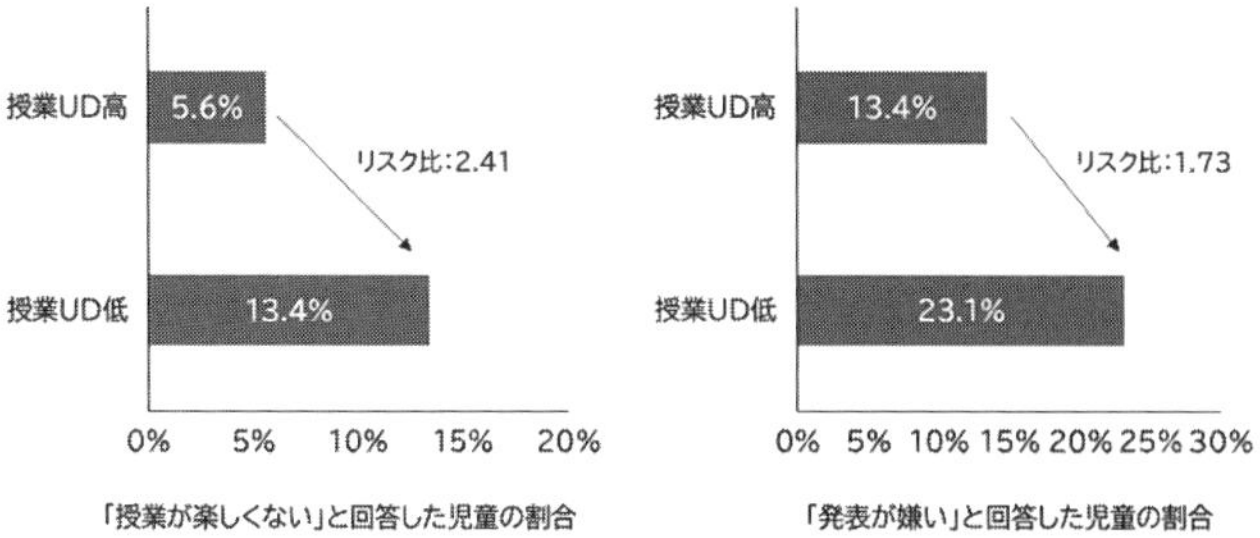

アンケートに最低点（1点）をつけた児童の割合の比較

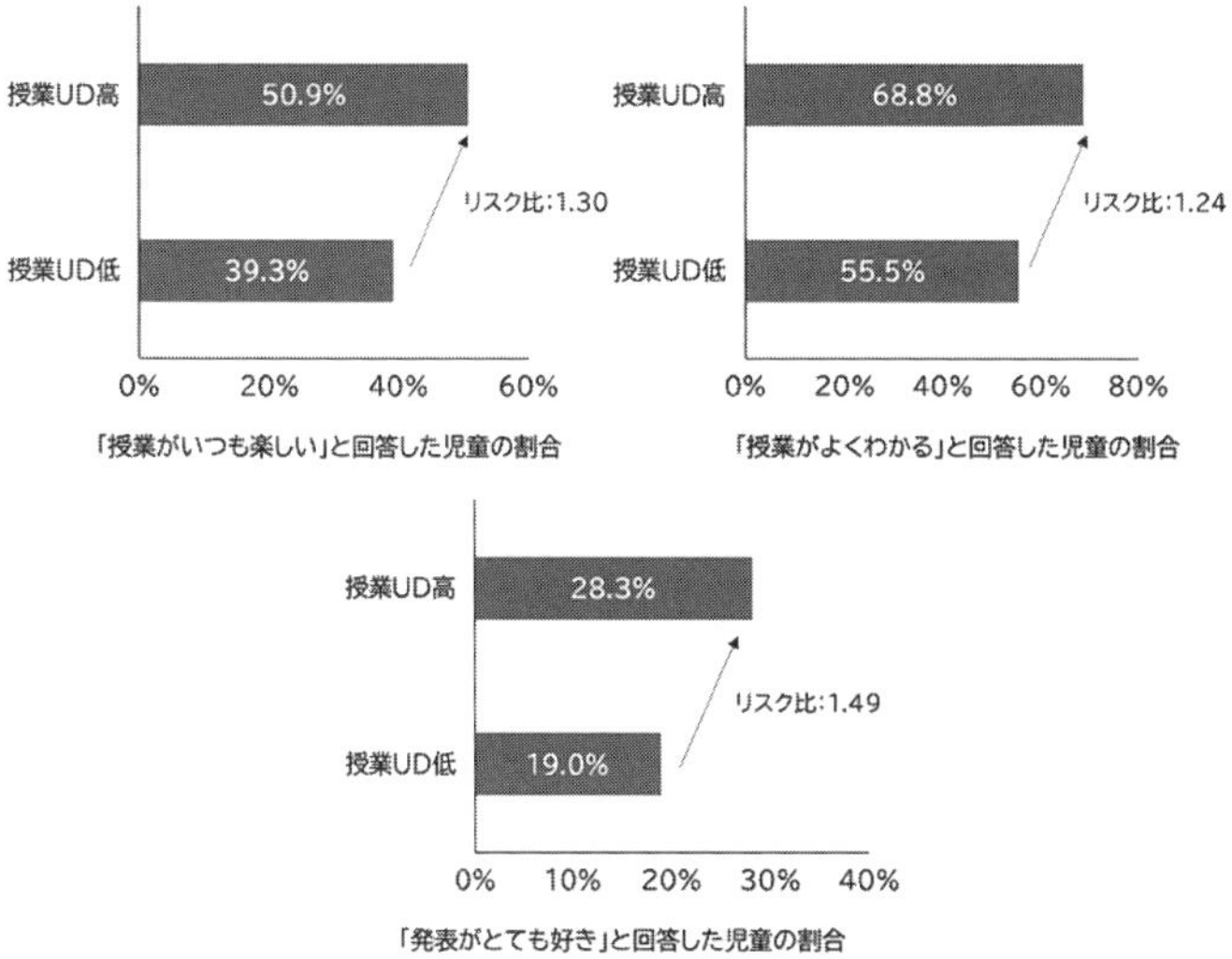

をつけた子どもの数についても、「授業が楽しい」「授業がよくわかる」「発表がとても好き」と回答した子どもが授業UDの取り組みによって1・24倍から1・49倍に高まることが認められました。

このように、授業UDの手立てを担任教師がたくさん取り入れているクラスの方が、授業が楽しくない・発表が嫌い、という授業に対するネガティブな実感を抱える子どもを減らし、授業にポジティブな実感を抱える子どもを増やす効果があると言えます。もちろん授業UDによって、ネガティブな実感を抱える子どもが0％になるわけではありませんので、そうした子どもには個別の配慮が必要になることは言うまでもありません。すなわち、授業UDが基礎的環境整備として有効な手立てになり得ることを示したものと言えるでしょう。

授業UDに対する誤解や批判

さて2015年頃になると、授業UDに関する書籍が多く刊行されたり全国各地で授業UDの研修会・ワークショップなどが開催されたりするようになり、授業UDの実践が学校現場に急速に広まっていきました。各学校の校内研究のテーマに選ばれたり、教育委員会が授業UDの実践研究をまとめて発信したりするようになりました。まえがきでも述べたように、まさにブームに近い状況が生まれてきます。

なぜ授業UDの取り組みがこれほど急速に広まったかというと、特別支援教育が開始された2007

年以降、発達障害など様々な教育的ニーズのある子どもの存在がクローズアップされる中で、通常学級での具体的な実践として魅力的だったことに他なりません。それまでの特別支援教育に関する実践の多くが個々のケースに対する個別的対応であったため、通常学級という支援リソースが少ない状況の中では難しさを感じることが多かった、という背景があります。よほどの専門性がある教員でないと、40人が在籍するクラスの中で、全体の授業を進めながらクラスに3～4人はいる特別な支援が必要な子どもに個別対応することはできません。個別対応のために必要な事前の準備等に関しても、教師の多忙化が叫ばれる状況の中ではどうしても後手に回ることが多かったと思います。

その中で授業ＵＤの考え方は、一斉授業を成立させながら特別な支援を必要とする子どもにアプローチすることが可能な、とても画期的な取り組みとみなされたのです。さらに、特別な支援を必要とする子どもだけでなく全ての子どもに有効であるということが、特別支援教育を専門としている教員以外にも魅力的に映ったことでしょう。

ところが、あまりにも急速に広がった副作用なのか、決して質の高いとは言えない授業ＵＤの実践が散見されるようになりました。たとえば、視覚化・共有化・焦点化といった手立てを、いわばお題目的に授業に取り入れただけの実践や、参加レベルの手立てを学校のスタンダードとして半ば強制的に導入するようにするなど、本来の授業ＵＤの目的・理念とはかけ離れた実践もありました。そうした実践を垣間見たと思われる人たちが、授業ＵＤの批判を展開するようになってきたのです。

この2015年頃の授業UDに関する批判は、大阪教育大学の吉田茂孝先生が次の3点に整理しています[DD]。

① 授業UDがどんな障害にも対応できるわけではないことに対する批判
② 授業UDの手立てが教師間の指導を平準化し、子ども一人ひとりの違いや多様さに応じた指導が失われ、その指導になじまない子どもの排除につながるという批判
③「答えにたどり着くための方法を教える」という目的に矮小化される恐れがあるという批判

いずれの批判も、質の低い授業UDの実践を見たための誤解だ、と言ってしまえば簡単なのですが、この批判に対してきちんと向き合って回答をしなければ、授業UDは一過性のブーム的なものに終わってしまうかもしれません。ここでは、1つずつ丁寧に考えてみたいと思います。

「授業UDがどんな障害にでも対応できるわけではない」という批判

これまで本書で述べてきた通り、授業UDは特別支援教育が開始された2007年以降に、通常学級における発達障害児への支援を主な目的として提唱されてきたものです。一時期、フル・インクルージョンのためのユニバーサルデザイン授業も検討されたものの、基本的には授業UDは日本における部分インクルージョンの学校教育システムを前提に作られてきたものです。そのため、知的障害や肢体不自由、視覚障害、聴覚障害といった子ども達や、重症心身障害の子どもまで対応で

きるようなものではありません。

そもそもユニバーサルデザインとは、「調整又は特別な設計を必要とすることなく、最大限可能な範囲で全ての人が使用することのできる製品、環境、計画及びサービスの設計」と定義されています。〝最大限可能な範囲〟となっているように、どのような障害にも、どんなに重度でも対応可能なユニバーサルデザインというのは実際のところ難しいというのが現実です。しかしながら、全ての人に対応できないからといって、UDに意味がないというわけではありません。UDは基礎的環境整備であり、UDで対応できない部分については合理的配慮をしっかりと提供することが求められます。

逆説的かもしれませんが、このような批判が出てくる背景には、授業UDに対する過度な期待が込められているように思います。全ての障害のある子どもを包摂できる魔法のようなものが求められているのかもしれません。喩えるなら、「マスクやうがい・手洗いをしても感染する可能性は0にはならない」と言っているのと同じなのではないでしょうか。

「授業UDは画一化教育につながる」という批判

神戸大学の赤木和重先生は「授業UDの手立ては目の前の子どもは見えなくてもできる画一的な指導であり、教師が設定した『標準』や『枠』から、はみ出す部分・ずれてしまう部分を尊重し、そんな部分を他の友だちと共有しながら授業を作り出そうとする視点が見られにくい」[EE]と述べています。また筆者と同じ所属で恐縮ですが、熊本大学の教育哲学者である苫野一徳先生は「ユニバーサルデザインには、ある落とし穴があることにも私たちは自覚的であるべきです。それはつまり、『みんなで同じことを、同じように』を、余計に強める授業になってしまうことがあるということです」[FF]と述べており、授業ＵＤの実践である「机の上に置くものの位置を統一する」や「黒板の全面の掲示物をなくす」「持ち物を統一する」といった取り組みは「教師の指導のしやすさのため」であると指摘しています。

本書で述べてきたように、授業ＵＤは多様なニーズをもつ子どもを包摂するための、インクルーシブな通常学級を作るための取り組みです。そもそも授業ＵＤが目指しているのは、通常学級に在籍している多様な子どもたちが学び合いによって学習を深めていく姿です。桂先生は授業ＵＤの黎明期に次のように述べています。

学校教育の独自性は「さまざまなレベルの子どもが、一つの教室で学び合うこと」にある。Ａ君が理解できなかったら、ＢさんがＡ君に理解できるように説明すればいい。それによってＢさんの学び直しや本質的な理解を促すことができる[GG]

このように赤木先生が主張する授業の形と授業UDが目指している授業の形は些かも異なる方向は向いていないように思えます。それにもかかわらず、どうして画一化教育につながると懸念されるのでしょうか。

赤木先生と苫野先生の主張に共通するのは、〝スタンダード〟に対する警戒感です。授業UDの実践に取り組んでいた学校の多くで「〇〇スタンダード」と呼ばれる、学校全体での授業づくりの指針や授業の中に取り入れることが推奨される手立てが設定されていました。これは先述した日野市教育委員会が行った先端的取り組みである「ひのスタンダード」を下敷きにしていると思われます。授業UDを校内研究として推進していく場合、所属する教員間で共通するスタンダードとして授業UDの取り組みを設定すれば効率的であると判断して導入したのでしょう。

しかしながら、このようにスタンダードとして設定したとしても、同じ学校に所属する教員であっても授業観や児童観は多種多様であり、特に特別支援教育に関する専門性にはベテラン・若手を問わず大きなばらつきがあります。そのような状況の中で「〇〇スタンダード」として取り組むように管理職や研究主任から提案されたら、中には自らの授業観や児童観を否定されたと感じる教員もいるでしょう。あるいは逆にスタンダードを絶対的な準拠枠として捉えて、子どもをその枠に当てはめてしまうような厳しい指導をするようになる教員もいたかもしれません。

あえて言えば、私自身はスタンダードとして様々な手立てを設定すること自体は問題ないと思っています。そもそもスタンダードは「基準・標準」といった意味であり、絶対的に遵守しなければならないようなルールや枠組みではありません。たとえばビートルズのスタンダード・ナンバーといえばLet It BeやHey Judeなどの有名な曲が挙げられると思います。ビートルズを聴いたことがない人に、数多くあるビートルズナンバー（全部で213曲）からどれを紹介するかといえば、まずはスタンダード・ナンバーを聴いてみたら、となるでしょう。しかし、スタンダード・ナンバーはあくまで基準に過ぎませんので、もっと他に好きな曲（私はHey Bulldogが好きです）を挙げても全く問題ありません。スタンダードとはせいぜいそのくらいのものと捉えた方が良いと思います。

大切なことは、スタンダードでは対応できない、枠からはみ出てしまう子どもに対する柔軟性です。「机の上に置くものを統一する」という手立てを例に挙げると、国語の授業の時間に定規やコンパスが机上に出ていたら気になってしまうお子さんは多いと思いますので、机の上に置くものを指定することは学習に集中しやすい環境づくりとして有効なことが多いでしょう。一方で、子どもによってはスタンダードとして設定されているもの以外が必要な場合もあります。書字が苦手で文を書いているうちに行が歪んでしまう子どもが定規を補助具として使う場合など、子どもによってはスタンダードからはみ出ることが学習に有効なことも多いのです。授業UDは子ども一人ひとりの状況に合わせて手立てを柔軟に捉えることが大切で、杓子定規に捉えてしまうと質の悪い実践になる恐れがあることを忘れてはいけません。

「答えにたどり着くための方法を教える」という目的に矮小化される恐れがあるという批判

この批判は、授業ＵＤに限らず方法論だけが独り歩きすることが目指すべき教育の本質を見失ってしまう可能性を指したものと思われます。とかく流行りの方法論にありがちですが、急速に広まっていく中でその方法を実施すること自体が目的化してしまい、なぜその方法論を取る必要があるのかがおざなりになってしまうことがあります。これまで述べてきた通り、授業ＵＤは通常学級に在籍する多様な子ども達が学び合いを通じて学びを深めることが最大の目的です。その目的をきちんと捉えていれば、「単純に答えにたどり着くための方法を教える」ことに矮小化されることはないはずです。

こうした批判が出てくる背景に、授業ＵＤを校内研究のテーマに設定した学校のねらいに「子どもの学力充実」を掲げるケースがあることが影響しているのではないかと思います。授業ＵＤを実践すると、子ども達が積極的に授業に参加し、深い学びへと向かっていきますので、結果として子どもの学力が向上していきます。先述した授業ＵＤの効果検証実験でも、授業ＵＤの手立てを取り入れたクラスの方が適用問題の成績が向上していることを確認しています。したがって、授業ＵＤを実践する理由の１つに学力充実を掲げることはおかしなことではありません。しかし、学力充実はあくまで授業ＵＤを取り組んだ結果として現れるものであり、授業ＵＤが目指すものは多様な子ども達が授業に参加し学び合う姿であるということを忘れてはいけません。

どちらかというと、こうした批判は授業ＵＤを「発達障害のある子どもなど、学習につまずきのある子ども向けに学習のレベルを下げることだ」と誤解している人が述べているように思われます。

6　授業ＵＤとＵＤＬ

ここまで日本における授業のユニバーサルデザイン化を中心に説明してきましたが、同じくユニバーサルデザインという視点からのアプローチであるＵＤＬ（Universal Design for Learning：学びのユニバーサルデザイン）について触れておかねばなりません。ＵＤＬは１９９０年代から米国にてＣＡＳＴ（the Center for Applied Special Technology）を中心に進められてきた取り組みで、通常学級で学ぶ全ての子ども達が、一般的なカリキュラムにアクセスできるように教えることや、子どもの学びをユニバーサルデザインの視点で再考することを目指すものです。

ＵＤＬでは教育の目的を「学びのエキスパート（Expert Learner）」に育てることにあると考えます。学びのエキスパートとは、次の３つの学習者の姿として示されます。

・いろいろな学習リソースや知識を活用できる学習者
・方略的で、目的に向けて学べる学習者
・目的をもち、やる気のある学習者

この3つの姿を具体化すると、学びのエキスパートとは、様々なリソース（各種の教育的資源）や既有知識を使いながら、場面に応じて自分に合った学習の方法を選択することができ、モチベーションを高めたり維持したりしながら学びを主体的に進めることができる子ども、ということになります。すなわち教育の目的は、良い学習者を育てることであって、学校在学中だけでなく社会に出た後も学び続けることが可能な学習の基盤を培うことにあると捉えています。

UDLでは、学習にかかる障害は子どもではなくカリキュラムにある、と考えます。つまり、学習を阻む原因は、学習内容や教材、授業の方法や評価にあり、それらが多様な子ども達を包摂するようにできていないためであると考えます。この考え方は第Ⅰ部で述べた障害の社会モデルと一致すると考えて良いでしょうし、授業UDの考え方にも通底していると思います。しかし、UDLは授業UDよりも学習者による選択がもっと柔軟にできるよう授業のカタチを大きく変えていくことを図り、そのために教師のマインドセットが大きく転換することを求めています。

UDLの特徴は、科学的なエビデンスを重視していることで、脳科学（私はこの言葉はあまり好きではないので、「神経心理学」と呼んだ方が良いと思いますが）、認知心理学、学習科学などの研究成果に基づいた3つの原則から構成されています。ユニバーサルデザインという名称を冠するように、障害の有無にかかわらず全ての学習者にとって、効果的でインクルーシブな学習のデザインを目指すものです。

UDLガイドライン

UDLはあくまで概念的な枠組み（フレームワーク）であるとされており、授業UDにおける「視覚化」や「焦点化」のような具体的な手立てが提案されているわけではありません。しかし授業を計画する際に、教師が参考にすべきガイドラインは提唱されています。ここでは2018年のUDLガイドライン2・2を元に紹介します。

UDLガイドラインには3つの原則とそれぞれの原則に基づいたガイドラインが記されています。「取り組みのための多様な方法を提供すること」、「提示（理解）のための多様な方法を提供すること」、「行動と表出のための多様な方法を提供すること」、です。たとえば「提示（理解）のための多様な方法を提供する」では、〈アクセスする〉ために「知覚するためのオプションを提供する」ことが求められます。具体的には「情報の表し方をカスタマイズする方法を提供」したり、「聴覚情報を、代替の方法でも提供」したり、「視覚情報を、代替の方法でも提供」したりします。もし読字に困難のある子どもがいたら、テキストを音声で聴いて理解できるように音声ファイルを提供したり、あるいは読み上げソフトが利用できるように準備します。聴覚障害や音声情報処理が苦手な子どもには、手話による説明を加えたり、教師の口頭説明を文章にして渡すなど、代替方法を準備します。

UDLガイドライン2.2

学びのユニバーサルデザイン(UDL)ガイドライン

CAST | Until learning has no limits

	取り組みのための多様な方法を提供しましょう	提示（理解）のための多様な方法を提供しましょう	行動と表出のための多様な方法を提供しましょう
	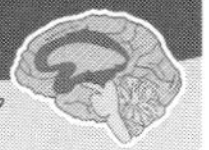 感情のネットワーク 「なぜ」学ぶのか	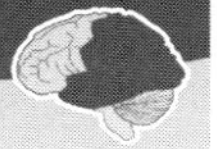 認知のネットワーク 「何を」学ぶのか	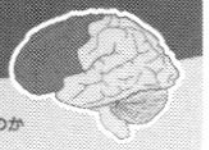 方略のネットワーク 「どのように」学ぶのか
アクセスする	**興味を持つ**ためのオプションを提供する (7) • 個々人の選択や自主性を最適にする (7.1) • 自分との関連性・価値・真実味を最適にする (7.2) • 不安要素や気を散らすものを最小限にする (7.3)	**知覚する**ためのオプションを提供する (1) • 情報の表し方をカスタマイズする方法を提供する (1.1) • 聴覚情報を，代替の方法でも提供する (1.2) • 視覚情報を，代替の方法でも提供する (1.3)	**身体動作**のためのオプションを提供する (4) • 応答様式や学習を進める方法を変える(4.1) • 教具や支援テクノロジーへのアクセスを最適にする(4.2)
積み上げる	**努力やがんばりを続ける**ためのオプションを提供する (8) • 目標や目的を目立たせる(8.1) • チャレンジのレベルが最適となるよう(課題の)レベルやリソースを変える (8.2) • 協働と仲間集団を育む (8.3) • 習熟を助けるフィードバックを増大させる (8.4)	**言語，数式，記号**のためのオプションを提供する (2) • 語彙や記号をわかりやすく説明する(2.1) • 構文や構造をわかりやすく説明する (2.2) • 文字や数式や記号の読み下し方をサポートする (2.3) • 別の言語でも理解を促す (2.4) • 様々なメディアを使って図解する (2.5)	**表出やコミュニケーション**のためのオプションを提供する (5) • コミュニケーションに多様な媒体を使う(5.1) • 制作や作文に多様なツールを使う(5.2) • 練習や実践での支援のレベルを段階的に調節して流暢性を伸ばす (5.3)
自分のものにする	**自己調整**のためのオプションを提供する (9) • モチベーションを高める期待や信念を持てるよう促す (9.1) • 対処のスキルや方略を促進する(9.2) • 自己評価と内省を伸ばす (9.3)	**理解**のためのオプションを提供する (3) • 背景となる知識を活性化または提供する (3.1) • パターン，重要事項，全体像，関係を目立たせる (3.2) • 情報処理，視覚化，操作の過程をガイドする (3.3) • 学習の転移と般化を最大限にする (3.4)	**実行機能**のためのオプションを提供する (6) • 適切な目標を設定できるようガイドする (6.1) • プランニングと方略の向上を支援する (6.2) • 情報やリソースのマネジメントを促す (6.3) • 進捗をモニターする力を高める(6.4)
ゴール	学びのエキスパートとは… 目的を持ち，やる気がある	いろいろな学習リソースや知識を活用できる	方略を使いこなし、自分の学びの舵取りをする

udlguidelines.cast.org | | Suggested Citation: CAST (2018). Universal design for learning guidelines version 2.2 [graphic organizer]. Wakefield, MA: Author.

授業UDとUDLの違いとは

特別支援教育や授業UDに詳しくない人は、両者の違いが分からず混乱してしまうことが多いようです。どちらも同じユニバーサルデザインという用語を冠していますので、混同してしまうのも仕方ありません。私は授業UD学会の理事を務めているのですが、私宛の研修依頼で「UDLについて講演してください」というオーダーが来ることがあります。担当の方と詳しく話してみると、授業UDとUDLの区別がついておらず、同じことだと思われていることが多いです。

授業UDとUDLの違いは、ユニバーサルデザインをするのは誰か、という主語が授業者である教師側にあるか、学習者である子ども側にあるかという点が大きいと思います。授業UDは「授業をユニバーサルデザインする」ので、あくまで主語は授業者である教師側にあります。UDLは「学び（学習）をユニバーサルデザインする」わけですから、学習をする子ども自身が主語になるのです。

子ども自身がユニバーサルデザインする、というのはどうやって実現するのでしょうか。UDLガイドラインから明らかなように、UDLでは教師が授業内に様々な選択肢（オプション）を準備して、子ども達はそのオプションの中から自分に合ったものを選択して学習を進めていきます。たとえば、教室の設定は机や椅子が整然と並べられているわけではなく数脚ずつ各所に固められていて、子どもは好きな場所で好きな教材を選んで問題に取り組みます。教材もプリント1種類だけではなく、ＰＣやタブレット、２人で取り組むものや１人で取り組むものなどが予め用意されており、子どもはその中から選択して取り組みます。内容についても計算問題や図示して解くものから、ゲーム的要素があるものまで様々です。さらに子どもが学習に行き詰まったときには、ヒントをもらえたり既習事項の振り返りができるように教材が工夫されます。ＵＤＬにおける教師の役割は、子どもの学習を傍で支えるファシリテーターであると位置付けられ、教師は状況に応じて説明やデモンストレーションをしたり、アドバイスやフィードバックを与えて子どもの学習を促していくことになります。

ＵＤＬの立場からみると、授業ＵＤはあくまで教師がどのように授業をデザインするか、に軸足がおかれているように感じられると思います。鹿児島大学の片岡美華先生は授業ＵＤとＵＤＬの関係について、「アメリカにおけるＵＤＬが学習者の立場からとらえたものであるのに対して、日本の授業ＵＤはＵＤＩ（Universal Design for Instruction）[HH]に近い概念である」[II]と指摘しています。ＵＤＩとはアメリカ・コネティカット州立大学において障害のある学生に対する高等教育（後期中等教育）の方法として開発された考え方です。ユニバーサルデザインの原則（86ページ参照）に基づいて、授業の方法を幅の広い多様な学生が受講することを想定して作り上げておくことで、障害のある学生の授業へのアクセシビリティを確保することを目的としています。高校や大学での授業を対象にしているという違いはありますが、授業ＵＤの考え方とほぼ軌を一にしていると言えると思います。

余談ですが、私も授業ＵＤに関する論文を書くときに、英文アブストラクトで授業ＵＤの英語表記をどのように記すべきか悩みました。ネイティブの方に校閲してもらったらUniversal Design for Learningと修正されて戻ってきて、いや、これだと違うものになってしまうと再修正したこともあります。結局、最近では「Universal Design for Instruction（Jugyo UD）」として、Jugyo UDという一般名詞で表現しています（そのうち変えるかもしれません）。

このように考えると、授業ＵＤとＵＤＬの違いは、授業ＵＤは教師が授業をユニバーサルデザインするための方法論という形でまとめられているのに対して、ＵＤＬは子どもの学習の方法をユニバーサルデザインするための方法論という形でまとめられていると言うことができるでしょう。ＵＤＬを推進する立場の東京学芸大学の増田謙太郎先生は、授業ＵＤを「教師の視点」、ＵＤＬを「子どもの視点」という〝視点の違い〟として授業ＵＤとＵＤＬの違いを説明しています[JJ]。この表現はとても分かりやすく、直感的に授業ＵＤとＵＤＬの違いを捉えていると思います。

さらに付け加えるならば、授業ＵＤとＵＤＬの違いには、私たちが無意識に囚われている「授業とはどのようなものか」というイメージが影響していると思います。「授業」と言えば、日本では講義形式の一斉授業を思い浮かべる人が多いと思います。教科書に基づいて教師が説明し、教師の指示に従って子ども達が学習活動に従事する、そのような授業の形をイメージする人が多いのではないでしょうか。そのため教師主導で授業をデザインするユニバーサルデザインという発想になったのでしょう。他方、アメリカでは授業で教科書を利用しないことが多く（そもそも日本の検定教科書に該当するものが存在しない）、また教師が説明する時間もとても短く、授業における子ども側の自由度が高いと言われています。子どもの自由度が高いアメリカの授業スタイルをイメージすれば、子どもを主体に据えたユニバーサルデザインの発想になるのも納得できます。

授業UDとUDLは「視点」の違いだけなのか？

それでは本当に授業ＵＤとＵＤＬの違いは、教師の視点と子どもの視点という違いだけなのでしょうか。

具体的な取り組みの内容レベルで考えると、授業ＵＤとＵＤＬのアプローチはかなり異なっていると感じます。授業のＵＤ化モデルとＵＤＬガイドラインを見比べると、その違いがよく分かります。授業ＵＤは一斉指導時における時間の構造化や刺激量の調整といったアクセシビリティの徹底と、「焦点化」「視覚化」「共有化」に代表される分かりやすい説明や授業展開の工夫がメインです。その一方、ＵＤＬは一斉指導の工夫というよりは、多様なお子さんの特性に合うようにオプション（代替方法）を提供することがメインで、それらのオプションを子ども自身が使いこなすことができるように個別に支援していきます。

この関係は、先述したデザイン志向型とオプション志向型として捉えることができるでしょう。授業ＵＤは授業のデザインを見直して、可能な限り多様な特性のある子どもを包摂した授業づくりを目指すデザイン志向型と言えるでしょう。一方、ＵＤＬは授業内で使えるオプションを準備し、様々な子どもの特性に応じて選択していくオプション志向型と言えます。

同じユニバーサルデザインを標榜する授業の方法であるにもかかわらず、両者の間でアプローチの方法が異なった理由は、それぞれの成立過程にあると思います。日本の授業ＵＤはこれまでみてきたように、特殊教育から特別支援教育へと移行し、通常学級に在籍する発達障害のある子どもへの働きかけを積極的に展開する中で生まれてきました。そのため従来の授業づくりの中では必ずしも重視されてこなかった、発達障害の子ども達が抱えるニーズに積極的に対応しようという方向で実践が積み重ねられ、日本の伝統的授業スタイルに取り入れることが比較的容易な手立てを中心にまとめられていることが分かります。すなわちOne Size Fits All（全員にフィットする方法）を目指してきたと言えるでしょう。

しかしながら日本の特別支援教育の制度では、発達障害以外の障害を抱える子ども（視覚障害や聴覚障害、知的障害、肢体不自由、病弱）は特別支援学級や特別支援学校の対象なので、そうした子ども達も授業ＵＤの射程に入っているとは必ずしも言えないのが現状です。一部の報告されている実践で、特別支援学級に在籍するお子さんが、交流及び共同学習の一環として通常学級で授業を受ける際の工夫などが挙げられていますが、あくまで授業ＵＤの中核的な理論は現在の日本における通常学級をベースに考えていると言えます。

ＵＤＬはアメリカにおける多様性と社会的包摂、さらにマイノリティに対する権利保障という社会情勢をバックグラウンドに持っています。したがってＵＤＬガイドラインが対象にしているのは発達障害だけでなく、その他の各種障害はもちろん、英語非ネイティブや異文化圏の子どもといったマイノリティ集団全体がターゲットに含まれます。想定しているマイノリティが多岐に渡るため、個々のケースが抱えるニーズも千差万別になります。つまり発達障害児にとってフィットする手立てが、その他のニーズのある子どもの手立てと同じではない可能性があるのです。そのため、そもそも全員にとって最適な1つの解決方法（One Size Fits All）はあり得ない、という考え方がＵＤＬの背景にはあります。

言うなれば、日本とアメリカの多様性に対する捉え方の違いが授業ＵＤとＵＤＬには現れています。日本の特別支援教育の制度が特殊教育時代のシステムを踏襲したものであったため、想定している通常学級における多様性の幅はアメリカに比べると比較的狭くなっていたと言えるかもしれません。

しかし、これからの時代はこれまでよりも幅の広い多様な子ども達が学校で学ぶようになります。そう考えると、日本の授業ＵＤも時代の要請に応じて、より多様性を包摂するための形へ進化していく必要があるのだと思います。

授業UDとUDLはどちらが良いのか？

結論から言えば、私はこのようなどちらが良いのか、あるいは日本の教育システムではどちらが向いているのか、という議論は不毛だと思っています。ただし、インクルージョンを進めていくプロセスの中で、その段階に応じて授業UDの取り組みが有効になる場合と、UDLのフレームワークを取り入れた方が良い場合があるのではないか、と考えます。最終的には、授業UDのアプローチとUDLのアプローチを統合した、新しいUD授業へと発展させていくべきではないでしょうか。

UDLが提案するオプションの多くは、日本の現状では合理的配慮として実施されているものが多いです。たとえば読字に困難のある子どもに対してデイジー教科書の利用を認めるのは、文科省は合理的配慮の例として示していますが、UDLにおける「知覚するための多様なオプション」の1つと考えられます。要するに授業UDとUDLは矛盾するようなものではありません。授業UDが培ってきた、教科の本質に迫る授業づくりや、より多様性のある子どもを包摂するUDの視点に基づいた学級経営の方法を深化させながら、UDLの目指す学びのエキスパート育成は可能であると私は考えていますし、それが日本のインクルーシブ教育を進めていくために必要不可欠であると信じています。

どのように授業ＵＤとＵＤＬのアプローチを統合していくのか、具体的な方法論については第Ⅲ部で論じていきたいと思います。

7 通級による指導・特別支援学級・特別支援学校の役割

ここまでインクルーシブ学級を実現するための通常学級における授業UDや合理的配慮等について述べてきましたが、インクルーシブ教育システムをきちんと機能させていくためには、通級による指導の充実や特別支援学級、特別支援学校についても検討していかなければなりません。

第Ⅱ部の冒頭で説明したように、日本のインクルーシブ教育システムは、それぞれの子どもの教育的ニーズに応じて連続性のある多様な学びの場を整備することで成り立っています。通常学級を今よりも多様な子どもを包摂するインクルーシブ学級にしていくことを前提に、通級による指導の役割や特別支援学級・学校での教育のあり方について考えていきます。

「通級による指導」の現状と課題

いまさら説明するまでもありませんが、通級による指導は通常学級に在籍する児童生徒が、その在籍学級から離れて週に1～2時間程度、特別な指導を受ける制度です。第Ⅰ部で説明したように、

1993年に初めて制度化され、2006年からはLDとADHDが指導の対象に加わったことで、通級による指導を受ける児童生徒数は著しく増加の一途を辿っています。

インクルーシブ教育の実現のためには、通級による指導の充実は欠かすことができません。特に知的な発達の遅れを伴わない発達障害児の場合、基本的には学年相当の教育課程を受けることになります。そのため通級指導教室で本人の特性に合わせた指導を受けることで、通常学級での学習や生活を支えていくことが大切です。

しかしながら、現在の通級による指導が抱える問題点も多く指摘されています。まず1つは、全ての学校に通級指導教室が設置されているわけではないことです。他校通級の場合、必然的に移動時間が発生しますので、子どもの学習機会の損失が生じます。加えて移動は保護者による送迎が必要になるため、仕事の都合などでそれができない家庭の場合は、通級による指導を諦めざるを得ないことになります。つまり自校に設置されている場合と他校に通わざるを得ない場合では、機会均等が失われてしまいます。

また指導時間についても、本来の制度が定めている時間数と実際に行われている時間数はかけ離れている実態があります。本来、通級による指導にかかる授業時数は年間35単位時間から280単位時間までが標準です（LD及びADHDの場合は年間10単位時間から280単位時間）。これは週あたり1時間から8時間まで（LD・ADHDでは月1時間から週8時間）となりますので、個々の子どもの実態に合わせて柔軟に指導時間を変えていくことを想定しています。ところが実態としては、通級による指導の児童生徒数が急増しており、就学支援委員会等で通級指導の対象と判定が出ても「空きが無いから待機せざるを得ない」という児童もいるため、それぞれの子どもで週1～2時間などのように自治体によって一律に設定されているケースも少なくありません。

また通級を担当する専門性の高い教員の確保が困難となっているという現状も問題です。通級による指導の対象児童生徒の著しい増加のため、教育委員会が新たに通級指導教室を設置したとしても、担当可能な教員を確保することが難しい状況があるのです。通級による指導を担当する教員には特別支援教育に関する高い専門性が求められます。普段は通常学級で学んでいる子どもを、週1～2時間だけ指導して成果を挙げる必要があるわけですから、とてもハードルが高いと言わざるを得ません。

また児童生徒が在籍する通常学級の担任と連携することがとても重要なのですが、他校通級では難しいことも多いです。そもそも通級による指導は、通常学級での学習や適応を円滑にするためのリソースルームです。したがって通級指導教室と通常学級担任はしっかりと連携をとって、通級での学びを通常学級で活かすことができるように働きかけていかなければなりません。しかしながら、「通級に通わせることが特別な教育的ニーズに応えること」と捉えられ、通常学級で何の配慮もないまま通級に〝おまかせ〟してしまっているケースも散見されます。

そもそも通級による指導は、障害に応じた特別な指導を行うものであり、障害による学習上又は生活上の困難を改善・克服することを目的としています。したがって通級での指導内容は、「自立活動」に相当する内容を主としており、各教科の遅れを取り戻すような補充指導ではありません。自立活動については後ほど詳述しますが、元々は「養護・訓練」という名前で視覚障害児への歩行訓練や言語障害児へのことばの指導、肢体不自由児への機能訓練などを取り扱う領域として設定されたこともあり、どちらかというと医学モデルに近い考え方になりがちです。そのため、通常学級に適応するために通級で指導を受けるという、通常学級での支援はあまり検討せずに通級にお任せしてしまうような発想になっているケースもあります。

通級による指導が目指すもの

基本的には通級による指導は、「合理的配慮」の1つとして考えるべきです。すなわち通常学級における様々な支援を展開した上で、どうしてもそれだけでは学習や適応が難しいという場合に通級による指導が検討されるべきです。その意味で、通常学級における基礎的環境整備としてのUDが徹底されることが前提条件になります。

それでは、通級による指導では、どのようなことを目指すのでしょうか。ここでは発達障害のある子どもに対する通級指導に焦点を当てて考えていきます。

ＬＤなど、学習面での困難を有するお子さんの場合、認知特性に応じた学習方略を講じることで学習が効果的に進んでいくことが多くの研究によって確認されています。それらの研究エビデンスに基づいて、各教科内容について個々のＬＤ児の認知特性に即した指導法を展開することが通級での指導の基本になります。しかしながら、通級指導の時間は限られており、全ての学習内容を通級による短い時間で網羅することは現実的ではありません。そのため、通級では「自らの認知特性を理解し、通常学級での学習に活かすことができるように、自らに適した学習方略を身につける」ことを目標にすべきです。

またＡＳＤやＡＤＨＤなど、行動面での困難を有するお子さんの場合は、通常学級での適応を目指して心理的な安定やソーシャル・スキルの獲得、衝動性のコントロールや不注意によるトラブルの回避方法など、教科以外の自立活動に関する内容の指導が主になります。具体的には、各種のストレス・マネジメントやソーシャル・スキル・トレーニング（ＳＳＴ）の手法を用いた指導だったり、認知行動療法（ＣＢＴ）やセルフ・マネジメント（自己管理）に関する方策（リマインダーやTo Doリストの活用）の指導などが考えられます。

重要なのは通級での学びが通常学級における学習や適応に十分に活かされるように、通級指導担当と通常学級担任がしっかりと連携をとることです。ＬＤの子が通級で学んできた自らの認知特性に即した学習方法を、通常学級での学習に活用することができるようにしなければなりません。またASDやADHDの子どもが通級で学んできたソーシャル・スキルやセルフ・マネジメントの方法を、通常学級で発揮する機会を確保することが求められます。

通級による指導を行う際にアセスメントは必要なのか

多くの自治体で、通級による指導を希望する場合にWISC※23などのアセスメントを必須としているようです。そのため通級指導を実際に受ける前に、専門機関等の受診が必要になり、そのための待機時間が非常に長期化（3ヶ月や半年など）しているという問題が起きています。その間にも学習は進んでいきますので、子どものつまずきがより大きくなってしまいます。確かにWISC等の公的なアセスメントを受けることで、より効果的な学習指導の方法を立案できることが期待できるのですが、実際にはWISC等のアセスメント結果を提出することが円滑な通級による指導の実施の足枷になっており、アセスメントを義務付けてしまうことの弊害の方が大きいと思います。

現状の日本では、通常学級での一斉指導についていけないお子さんに、通級による指導を実施するかどうかを判断する根拠が曖昧だと言わざるを得ません。そのため自治体が「通級による指導の対象かどうか」を判断するためにWISC等の結果を提出するようにルールを作らざるを得ないのだと思います。しかしながら、WISC等の結果がないと支援できない、というのはどちらかというと「（障害かどうかを判定して）障害があるならば支援をする」という障害の個人モデルの発想に近く、「ニーズがあれば支援をする」という社会モデルの考え方から遠ざかってしまいます。

ＲＴＩモデル

この点について、アメリカではＲＴＩ（Response to Intervention）という枠組みが進行しています。ＲＴＩは主にＬＤの判定方法と位置付けられますが、考え方としてはＬＤ以外の様々な教育的ニーズのある子どもに援用可能なものなので、ここではそのように捉えたいと思います。

ＲＴＩでは、学習面等につまずきがあるお子さんに対して、エビデンスに基づいた指導を行っていき、その反応によって指導が有効であるかどうかを判断していきます。まずは第１層としてエビデンスに基づいた指導をクラス全体に行います。場合によってはつまずきのある子どもなどをいくつかのグループに分けて集中支援を取り入れます。第１層の指導における子どもの反応（すなわち指導事項に対する成績）をモニタリングしながら、その反応が芳しくない場合、その子どもには第２層での指導を開始します。第２層では第１層での指導をより集中的に実施し、より子ども一人ひとりの状況に適した指導法を行っていきます。それでも第２層での介入にポジティブな反応

※23　ウェクスラー式知能検査の児童版。現行の最新バージョンはＷＩＳＣ-Ｖであり、発達障害のアセスメントに最も頻繁に使われる知能検査。

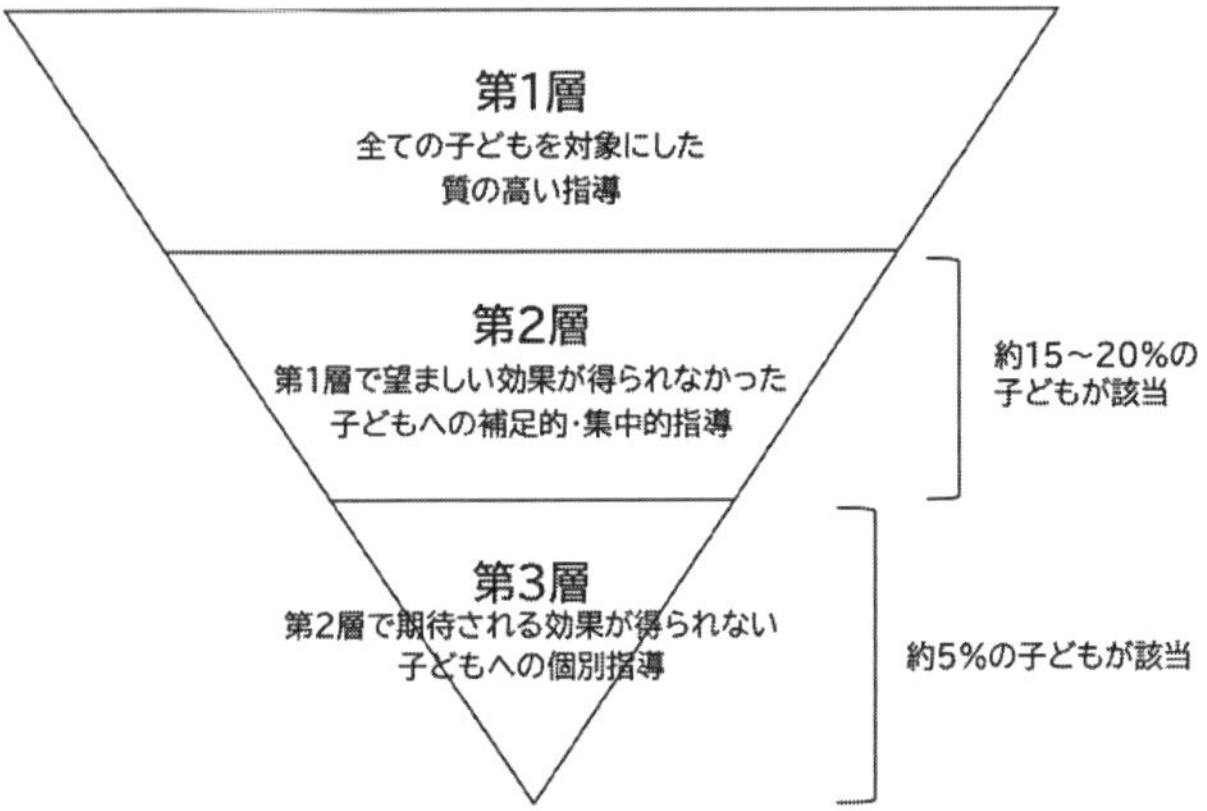

RTIモデル

が見られなかった場合は、第3層での支援に移行します。この段階はSpecial Education（特別な教育）と位置付けられ、ＩＥＰ（Individualized Educational Program）と呼ばれる個別の指導計画を作成するためのアセスメントや評価が行われます。

このＲＴＩの枠組みを参考にすると、日本の通級による指導は第2層に当たります。すなわち、クラス全体での指導でつまずきを示した子どもに対して通級ではより個々の子どもの実態に即した指導をすることになり、この段階ではＷＩＳＣ等の公的なアセスメントを行うことを前提にしなくてもよい、と言えるのではないでしょうか。第3層、すなわち特別支援学級や特別支援学校で学ぶ場合は、より本人の将来を見据えた教育課程の編成が求められるので、公的なアセスメントを実施した上で個別の指導計画を作成する方が望ましいと思います。

RTIモデルを日本に導入するかどうかについては様々な意見があると思いますが、私自身はRTIモデルが示す多層的支援の考え方自体は、日本におけるインクルーシブ教育システムに援用していくべき、と考えています。すなわち、先述したように特別な教育的ニーズがあるかどうかをWISC等のフォーマルなアセスメントによって該当すると判定された場合に通級等の支援を受けられる、というシステムではなく、学習や行動上の困難があるということが教師によって判断された場合に支援を受けることができ、そのニーズの強さによって多層的な支援の場が構築されている、というシステムです。

ただしRTIでは、クラス全体の指導がエビデンスに基づいた（つまり効果があると明確に認められた）ものであることが前提になっています。すなわち、教え方が悪かったら成績が悪いのは当たり前なので、その子どもが特別なニーズを抱えているかどうかは分からない、ということです。科学的なエビデンスに基づいた指導なのに、それでもつまずきが生じてしまうのは、本人が特別な教育的ニーズを抱えているから、と考えるのです。さらにRTIモデルでは、個々人のニーズは固定的なものではなく、あくまで指導に対するその時点でのニーズと捉えます。つまり、第1層に該当する子ども、第3層に該当する子ども、と判定したらその後の学習する場が固定されるのではなく、その時点での子どものニーズに応じて柔軟に段階を移行させていくことも特徴です。

実のところ、日本では通常学級での指導や障害のある子どもへの支援に学級間（担任間）格差が大きいと言わざるを得ません。そのため、通級による指導を実施する場合、通常学級での指導や支援が適切なものだったかどうかではなく、本人がニーズを抱えているということを証明するためにＷＩＳＣ等の公的なアセスメントの提出が求められてしまっているように思います。したがって、通常学級での授業や学級経営のあり方をユニバーサルデザインの観点から改善するとともに、その取り組みの学級間格差によって排除されてしまうような子どもが出ないようにしていくことも重要です。

CBMによって子どものつまずきを把握する

さてアメリカのＲＴＩモデルでは、第1層から第2層へ移すかどうかを評価するためのシステムとしてＣＢＭ（Curriculum Based Measurement：〝カリキュラムに基づく尺度〟の意）というツールを用いたプログレスモニタリングが行われます。ＣＢＭは読み、綴り、書字、算数の学習領域で開発されており、例えば読みの領域では、学年相当レベルの基礎リーダーシリーズからランダムに選択された教科書の文章を、1分間間違えずに音読できた単語の数が評価されます。他の領域でも同様に2～3分程度の学年相当レベルの基礎的課題に対する成績が評価されます。教師は毎週～数週間おきにＣＢＭを実施し、子どもの成績の上昇率を分析します。通常、学習が進行していくにつれてＣＢＭの成績は上昇していくのですが、この上昇率が標準化された値よりも低い場合に、特別な教育的ニーズがある、と判定していきます。

　アメリカでＣＢＭが開発されてきた背景には、日本と異なりアメリカは学習指導要領がないため、子どもが当該学年の学習内容を習得したかどうかを判断するためのツールが必要という理由があります。一方で、日本は学習指導要領に基づいた検定教科書があるため、その学年の学習内容を習得したかどうかは、単元毎の確認テスト等で評価すれば良い、という事情があります。そのためＣＢＭのような子どもの学習習得度を継続的に評価するツールがほとんど開発されてきませんでした。

　ですが近年、日本でもＲＴＩモデルに基づくツールの開発は各方面から進められています。たとえば、明治学院大学の海津亜希子先生による「多層指導モデルＭＩＭ」は、ＲＴＩモデルに基づいてアセスメントと指導が連動するようにアセスメント用プリントや指導教材などをパッケージしたものです。現在、読みと算数の初期学習に関するＭＩＭ KK LL が公刊されています。また日本ＬＤ学会が開発・運営しているLD-SKAIPも、ＬＤ判断と指導が一体化したスクリーニングキットとして展開されています。さらに日本ＬＤ学会では研究委員会を中心に学習につまずきのある子どものためのプログレスモニタリングについての研究が進められており、日本における効果的なプログレスモニタリングの方法と尺度の開発が始まっています。こうしたツールが充実することで、多層的な支援システムが日本でも構築されることが期待されます。

　一方で、多層的な支援システムを構築するための前提として、第1層に当たる通常学級における授業や学級経営が科学的なエビデンスに基づく指導・支援であることが不可欠です。学習内容そのものは学習指導要領によって定められているとしても、実際の授業については教員間で格差があるのが実態です。まずは通常学級での授業づくりや学級経営について、多様な子ども達をインクルーシブできる具体的な方法論を策定して、それを全国津々浦々で広めていかねばなりません。そのためのまず第一歩が、通常学級での授業づくり・学級づくりをユニバーサルデザインの視点で改善し、その効果を科学的に検証しながら、実際の学校現場における標準装備としていくことなのだと思います。

特別支援学級と特別支援学校はどのような役割を果たすのか

では、特別支援学級と特別支援学校はインクルーシブ教育システムの中でどのような役割を果たすことになるのでしょうか。

通常の学級との最も大きな違いは、教育課程を子どもの障害や発達状況に合わせて変更できるということです。この考え方は、アコモデーション（accommodation）とモディフィケーション（modification）という考え方で整理できます。アコモデーションとは、合理的配慮の原語が「reasonable accommodation」であると説明した時にも述べましたが、〝調整〟を意味します。それに対してモディフィケーションとは、〝改変〟を意味し、ここでは教育課程を変更することを指します。

基本的に、日本は学習指導要領でその学年で学習すべき内容が明確に定められているので、自ずとカリキュラムも定まってきます。定められている範囲の中で本人のニーズに合わせて個別に「調整」を行うのが合理的配慮であり、定められている範囲の中では本人のニーズに対応できないという場合は、モディフィケーションとして学習内容やカリキュラムそのものを変更する必要があります。

特別支援学級や特別支援学校には個々の児童生徒の障害に合わせた「特別の教育課程」を編成することが認められています。[※24] この「特別の教育課程」とは、通常の学習指導要領の範囲を超えて、各教科の内容を変更したり、1単位時間を分割したりなど弾力的な時数の取り扱いをしたり、検定教科書が適当でない場合は教科書を一般図書等に変更したりすることを可能にするものです。すなわち、子どもの実態に合わせて教師が柔軟に学習内容や方法を変更することができることになります。

※24　学校教育法施行規則第138条に規定されています。

自立活動の意義と内容

特に特別支援学級や特別支援学校におけるカリキュラムの特徴として、「自立活動」という領域が設定されていることが挙げられます。通級による指導のところでも触れましたが、元々は「養護・訓練」という名称で、各種の障害に応じた療育的な内容が扱われていました。たとえば視覚障害児に対する歩行指導や、構音障害児に対する構音指導、肢体不自由児に対する機能訓練などです。昭和46年度の学習指導要領で、それまで教科等の指導の中にバラバラに位置付けられていた内容[※25]を1つの領域としてまとめたところから始まっており、平成11年の学習指導要領改訂で「自立活動」に名称が変更された経緯があります。そのような歴史的経緯があるため、自立活動では「障害を治す・克服する」という観点でのアプローチが行われやすいことを指摘しました。もちろん、部分的にでも障害そのものを改善したり克服したりすることは、本人の抱える困難を少なくするため、そうしたアプローチは必要であり、それは障害を社会モデルで捉える現代であっても何ら問題ではありません。特に発達期においては、より健やかな発達を促すために障害を改善するためのアプローチが必要な場合も多く、自立活動もその意味において重要です。

しかしながら、「障害を改善・克服することで、支援を必要としなくなること」を目的にしてしまってはいけません。自立活動が掲げている〝自立〟の意味は、支援を必要としないということではなく、「障害がありながらも社会に適応すること」を目指しているのです。たとえば視覚障害のある人は、視力を向上・回復させるのではなく、社会に適応するために白杖の使い方や歩行の仕方を学ぶのだと考えると良いと思います。

具体的な自立活動の内容は、学習指導要領で6区分27項目に整理されており、この27項目のうち、個々の児童生徒の障害の状態を踏まえて指導内容を設定します。つまり、自立活動の目標や内容は一人ひとり違ってくるはずなのですが、時々、クラス全員で同じ自立活動に取り組んでいるといった場面に遭遇することもあります。そのような取り組みは本来の自立活動の取り組みとは真逆だと言わざるを得ません。確かに、同じ障害を抱えていれば、同じような自立活動の内容になることがありますが、それでも一人ひとりの障害の程度や発達段階に応じて目標は異なるはずです。特別支援学級を初めて担任する方や特別支援学校に勤務するようになって間もない方など、経験の少ない方は周囲の経験豊かな先生と連携して自立活動について取り組んでいただくことが必要です。

発達障害児に対する自立活動の内容

さて自閉症・情緒障害学級や通級指導教室で行われる発達障害のある子どもへの自立活動は、基

※25　たとえば視覚障害児に対する歩行訓練は体育として、言語障害児に対する言語指導は国語の一部として位置付けられていました。

本的には個々の児童生徒の特性や状況に応じて変わることは言うまでもありませんが、主に以下の3つが行われることが多いと思います。1つはソーシャル・スキル・トレーニング（SST）で、ASDのあるお子さんが示す社会性の困難に対して、このような場面ではどのように振る舞うべきかを学習します。方法としては、モデリングやロールプレイ、実際の場面を通したコーチングや振返りなどがありますが、コミック会話やソーシャル・ストーリーなど、視覚的・言語的な方法で社会的場面の解説を学ぶこともあります。

2つ目はストレス・マネジメントです。発達障害のある子どもはストレスを溜めやすく、そのストレスに対処するためのコーピングの方法も種類の幅が狭いことが多いです。自分のストレスについて自己理解し、対処方法を具体的に学ぶことも重要な自立活動の取り組みになります。

3つ目は、障害に対する自己理解を深め、より適応的な行動スキルを身につけることです。忘れ物が多いADHDのお子さんの場合、忘れ物をしないようにするにはどうしたら良いかを具体的に考えたり、リマインダーを活用したり、忘れ物をした場合のリカバリー方法を教えたりなど、将来を見据えた適応スキルを身につけることが目標になります。こうした取り組みは広義のSSTに含まれる場合もありますが、必ずしも社会的スキルに限定されないため別枠で捉えた方が良いでしょう。

知的障害児に対する自立活動

一方、知的障害特別支援学校や知的障害学級では自立活動の時間が時間割上に設定されていないことがあります。そのような場合、自立活動は他の教科等と合わせて指導されていることになるため、具体的な目標や内容が見えにくくなります。知的障害児教育で自立活動の時間が特設されていない背景としては、自立活動の前身である「養護・訓練」が昭和46年学習指導要領で初めて導入された際に、知的障害児に対する内容が具体的に示されなかったことが挙げられます。知的障害児の場合、障害による学習上または生活上の困難は多岐に渡りますので、自立活動の時間を特設して指導するよりも、学校生活の様々な場面を通して取り扱う方が良い、という考え方も一理あります。

しかしながら、実態としては知的障害特別支援学校や知的障害学級に在籍する児童生徒は発達障害、特にＡＳＤを併せ有していることも多いため、先述したＳＳＴやストレス・マネジメントなどは特設して指導する方が良いと私は考えています。特に高等部段階においては、中学校まで地域の特別支援学級に在籍していた軽度知的障害の生徒が多くなりますので、よりＳＳＴやストレス・マネジメントの指導は重要になります。もちろん、知的障害を併せ有していますので、発達段階に合わせた指導方法の工夫は必要になりますが、自立活動の時間を特設して系統的に教えた方が効果的であることは言うまでもありません。

近年では知的障害特別支援学校や知的障害学級でも自立活動の時間を特設することが増えてきま

した。特に平成21年学習指導要領において「個別の指導計画」の作成が義務付けられたことから、個々の児童生徒の指導内容を整理することが求められたため、内容によっては自立活動の時間を特設して指導した方が良い、と判断する学校・学級が増えてきたものと考えられます。

「教科別の指導」と「合わせた指導」の問題

知的障害特別支援学校や知的障害学級においては、「生活単元学習」や「作業学習」などの「各教科等を合わせた指導」（以後、合わせた指導）が行われることも特徴です。この合わせた指導は、歴史的には生活中心主義と呼ばれる「生活に即した教育を目指す」という理念から、一般の教育における教科中心のカリキュラムから、より子ども達の生活実態に近い形で学習を進める観点で形成されていったものです。そのため、多くの知的障害特別支援学校では、時間割上、「生活単元学習（〝生活〟と略されて表記されている場合もあります）」や「作業学習」といった表記になっており、特別支援学校の教育課程について詳しくない人は「生活単元学習や作業学習という教科がある」と勘違いしてしまうこともあります。

この合わせた指導については、近年その意義を見直す動きがあります。本来、合わせた指導は各教科の学習内容を統合して、より生活に近い形で体験的に学習をする知的障害児の学習特性に適したものですが、具体的な教科内容と結び付けられずに包括して取り扱われるため、どうしても学習内容に抜けが生じてきます。ともすれば、季節や学校行事に関連付けられたイベント的な内容になることがあり、学習内容の系統性が担保されにくい、という特徴があります。言い換えると、各教科は学習内容の系統性が担保されていることが強みであり、学問分野ごとに発達段階に応じて学んでいくパッケージであることが強みです。合わせた指導の場合、学習内容が特定の教科や領域に偏ってしまう可能性や、同じ内容の学習が繰り返されてしまう可能性があるのです。

私個人の経験ですが、熊本地震の時にこの問題を痛感したことがあります。大地震が発生し、多くの人が避難所に詰めかけて不安な日々を過ごし、スーパーやコンビニからは食料品や生活物資がなくなり、水道やガスなどのインフラが停止しました。その時に、自分がどのように行動すべきなのかは、学校で学んだ各教科の知識やスキルが大きく影響します。余震がいつ収まるのかの見通しは、テレビや新聞などのメディアが伝える余震回数等のグラフの読み取りが必要ですし、コンビニにいつ商品が届くのかは、物流インフラの仕組みを社会科で学んでいるからこそ予想できます。そもそも、地震がなぜ発生するのかについては理科で学んだ地球の仕組みに関する知識がなければ理解できません。

熊本地震では、多くの障害のある子どもがパニックになり、避難所に行けずに長期間の車中泊を余儀なくされました。また夜間に起きた地震のため、夜になると再び地震が起きるのではないかという不安から自宅に入ることができなくなったという子どももいました。その話を聞いた時、私は

「ああ、だって教えられてないんだものなぁ」と後悔したものです。きっと地震が起きた時、いったい何が起きているかが分からず、避難生活がいつまで続くのかについて見通しも立たずに苦労したはずです。

地震などの災害時に限らず、これからの社会はＶＵＣＡと呼ばれる予測不可能な時代に入ると言われています。ＶＵＣＡとは、

Ｖ（Volatility：変動性）

Ｕ（Uncertainty：不確実性）

Ｃ（Complexity：複雑性）

Ａ（Ambiguity：曖昧性）

の頭文字をとったもので、「先行きが不透明で、将来の予測が困難な状態」を指します。私たちの社会は複雑化し、予測不可能な時代になったからこそ、むしろ各教科の知識やスキル、さらにそれらを活用するための見方・考え方が重要で、それは知的障害の子ども達にとっても同じだと思います。インクルーシブな社会を形成するためにも、私達は共通言語としての各教科の知識やスキルを持つことが重要なのではないでしょうか。あくまで日常の生活を想定した合わせた指導の仕組みでは限界があると言わざるを得ません。

またインクルーシブ教育システムを構築する観点から、従来の合わせた指導に変えて教科別の指

導の時間を増やすことも必要です。その理由は、通常学級から通級、特別支援学級、特別支援学校という子ども達の学びの場の連続性を担保することにあります。通常学級で学ぶことが困難になり特別支援学級や特別支援学校に移籍した場合、それまで学んでいた学習内容が大きく変わってしまっては連続性が担保されません。その逆も然りで、特別支援学級や特別支援学校から通常学級へ移籍する場合、各教科の内容を合わせた指導の形態でしか学んでいなければ、通常学級での学びが滞ってしまうのは言うまでもありません。もちろん、知的障害があるため、学年相当の学習内容が身についていないということはありますが、それでも国語や算数といった教科ごとの学習を積み上げているかどうかは大きな違いです。その意味で、知的障害特別支援学校や知的障害学級においても、教科別の指導を主にした教育課程に変わっていくことが求められるのです。

ただし、知的障害児に対する合わせた指導を全て取りやめるべきだ、というわけではありません。先述したとおり、知的障害の特性として体験的な学習形態の方が学びやすいという側面はあり、多くの教科別の指導が机上学習になりやすいことを考えると、両者のバランスをとった教育課程の編成が重要であると思います。教科別の指導で学んだ知識やスキルが、生活単元学習や作業学習などの場面で活かされるように、カリキュラム・マネジメントの観点から改善することが重要なのだと考えます。

交流及び共同学習の役割とは

もう1点、インクルーシブ教育システムにおける特別支援学級と特別支援学校の役割を考える際に重要なのは交流及び共同学習の問題です。異なる学びの場で過ごす子ども達が交流をしたり、一緒の授業を受ける機会を設けることは、お互いの理解を促し、多様性に対する感受性を高める上でとても重要であることは言うまでもありません。

一方で、交流及び共同学習の取り組みは、そもそも分離教育を前提としているので、かえってインクルージョンを妨げているという指摘もあります。特別支援学級に在籍した上で通常学級での交流及び共同学習の機会を増やせば、通常学級で学びながら手厚い支援を受けることも可能になるため、むしろ特別支援学級への移籍が増えている原因になっていないか、という指摘です。

文科省はこの問題について、2022年4月27日に通知を出し、「原則として週の授業時数の半分以上を目安として特別支援学級において（中略）授業を行うこと」を求め、特別支援学級在籍の子どもが通常学級で学ぶ時間に制限をかけました。実はこの通知が、第Ⅰ部で触れた国連勧告にも大きな影響をもたらしました。

国連の障害者権利委員会は、この通知が「障害児の通常教育へのアクセスを制限する差別的なもの」であると指摘し、この通知を撤回するように勧告しました。これに対して、文科省は永岡桂子大臣（当時）が会見の中で「通知の撤回は考えていない」と発言し、HPでも補足の情報を掲載するなど、国連勧告に対して反論をしています。文科省の立場は「大部分の授業時間を通常学級で学ぶことができるのであれば通常学級在籍に切り替えるべき」という論旨で、この通知はむしろインクルージョンを促進するものだとしています。各自治体は、文科省通知に従って粛々と学校現場に指導したり、あるいは通知そのものがどうなるかを見守っていたりと、対応が分かれている状況です。

この問題の根本にあるのは、通常学級における支援体制の貧弱さと、特別支援学級の児童生徒数の増加です。先述したように、手厚い支援を求めて特別支援学級に在籍しているお子さんにとっては、事務的な通知によって通常学級での交流及び共同学習に制限がかかってしまうと〝排除されている〟と感じてしまうでしょう。特に知的障害を合併していない肢体不自由などのお子さんで、学習内容は当該学年と同じものを学ぶが一部に介助が必要というケースでは、肢体不自由学級に在籍して担任教員が交流学級に一緒に入ることで、支援学級担任からの介助を受けながら通常学級で授業を受けることが可能になっている場合もあります。国連が指摘したのはまさにこのようなケースで、交流及び共同学習の制限はインクルーシブから逆行しているとされたのです。

しかし、文科省側の言い分にもうなずけるところがあります。文科省は同通知の中で《改善が必要な具体的な事例》として、「個々の児童生徒の状況を踏まえずに、（中略）機械的・且つ画一的な教育課程を編成している」「全体的な知的発達に遅れがあるはずの知的障害の児童生徒に対し、多くの教科について交流及び共同学習中心の授業が行われている」「交流及び共同学習において、通常の学級の担任のみに指導が委ねられ、必要な体制が整えられていないことにより、（中略）子どもに十分な学びが得られていない」ことを挙げています。ここからみえてくるのは、特別支援学級の子どもが形式だけ通常学級で授業を受けていて、特別支援学級・通常学級のどちらの子どもにも有益とは言えない、質の悪い交流及び共同学習が安易に行われている実態です。

こうした質の悪い交流及び共同学習が行われてしまう理由の1つは、特別支援学級に在籍する児童生徒数が急増していることにあります。1学級に在籍する児童生徒数が標準編制の8名ギリギリの場合や、昨今の教員不足の中では担任が不在という場合もあります。しかも、以前よりも障害の程度が軽度の子ども達も特別支援学級に在籍するようになっていますので、軽度から重度までとても幅広い実態の子どもを一度に指導することが求められます。そこで、軽度の子ども達を中心に交流及び共同学習として通常学級で学ぶ時間を増やすことで、より障害の重い子どもの指導時間を確保せざるを得ないという事情があるのです。

さらに、交流及び共同学習の時間を多く確保してほしいという保護者の意向もあります。より手厚い専門的な支援を受けることができる特別支援学校ではなく、地域の小中学校に設置されている特別支援学級を選択した保護者は、通常学級に在籍する子ども達と一緒に過ごさせたい、という願いを持っています。そのため保護者が「できるだけ通常学級で過ごさせてください」と学校側に要望することもあり、そのため双方の子ども達にとって有益なのかどうかを検討しないまま、とにかく交流及び共同学習を実施せざるを得ないという事情もあります。

交流及び共同学習を意味のあるものにするためには、受け入れ側である通常学級を、よりインクルーシブなものへと変えていくことが必要です。この本でも繰り返し述べてきた通り、ユニバーサルデザインに基づく授業づくりや学級づくりを徹底していくことが求められます。その上で、交流及び共同学習を実施する場合は、そのねらいや働きかけの方法、留意点などの計画を特別支援学級担任と通常学級担任で連携して共有することが大切です。

また通級による指導を利用したいが自校に通級が設置されておらず、他校の通級指導教室への送迎も困難なため、やむを得ず特別支援学級に在籍し、多くの授業は通常学級で受けるが一部を特別支援学級で受けるという、特別支援学級を通級の代替としている場合もあります。したがって通級指導教室の増設や巡回型通級の実施により他校通級が利用できない子どもへの対応施策も行っていくべきでしょう。

Ⅲ

新時代の学校教育とインクルーシブ教育

第Ⅱ部では、これまでの通常学級をより多様性を包摂可能なインクルーシブ学級にしていくことや、通級、特別支援学級、特別支援学校を含めたインクルーシブ教育システムをどう構築すべきか、現状を踏まえながら課題を整理してきました。第Ⅲ部では、これからの日本の目指すインクルーシブ教育のカタチについてや、令和の日本型学校教育として目指されている「個別最適な学びと協働的な学びの一体的な充実」と授業ＵＤの関係などについて論じていきます。

1　日本が目指すべきインクルーシブ教育のカタチ

第I部で述べたように、現在の日本のインクルーシブ教育は部分インクルージョンを採っています。部分インクルージョンは、日本以外の多くの国で採用されている形式であるため、部分インクルージョンの形態を採っていることが問題ということではありません。ただし、日本の特別支援教育のシステムは、それ以前の特殊教育時代の制度を大部分引き継いだため、その時代の「障害のある子どもの本人の発達を保障するために特別支援学級や特別支援学校で学ぶ方が良い」という考え方から脱することができていないように思います。

特に通常学級担任においては、発達障害のある子どもの困難に気づくようになっている反面、通常学級で実施できる個別的支援に限界があるため、結果として特別支援学級や特別支援学校への転出が増加している現状があります。この現状を放置していると、２０３８年には特別支援学級と特別支援学校の在籍率は10・8％になり、10人に1人が分離されてしまう状況になってしまいます。国連から指摘されたように、結果として分離教育が進んでしまっていて、国際的な潮流である「多様性を包摂する（Diversity & Inclusion: D & I）から逆行しているのです。

この現状を変えていくためには、これまでの通常学級から多様性を包摂するインクルーシブ学級へと転換させていくことが重要であると第Ⅱ部で述べてきました。インクルーシブ学級を実現するためには、ユニバーサルデザインを徹底させ、多様な子どもが学びやすい授業や過ごしやすい学級を目指していくことが重要です。そのために通常学級における授業づくり・学級づくりの基本として授業ＵＤが重要であることは言うまでもありません。加えて、授業ＵＤだけで子どもの全ての困難感が解消されるわけではありませんので、ニーズに応じた合理的配慮の提供も遅滞なく行われる必要があります。

それだけでなく、そもそもの教室環境や学校施設も、インクルージョンを前提に改善する必要があります。特に肢体不自由など身体障害のあるお子さんについては、通常の教育課程へのアクセスが学校施設によって妨げられていることがありますので、そのようなことがないように徹底して施設のバリアフリーを進めることが必要です。

インクルーシブ学級の実現と同時に、通級による指導や特別支援学級・特別支援学校といった特別な学びの場についても、その役割を明確にする必要があります。どのような対象の子どもをメインターゲットにするのかを焦点化することで、より効果的なカリキュラムを構築することができます。そして全体を通してＲＴＩモデルのような仕組みを導入することで、ニーズに応じて柔軟に学びの場を変更することが可能なシステムを作っていくことが重要です。

支援リソースを増やすだけでは十分ではない

最終的にフル・インクルージョンを目指すのか、部分インクルージョンかの選択については、時間をかけた国民的議論が必要です。フル・インクルージョンを目指すにしても、現行の通常学級の制度そのままで実現できるとは思えませんので、1学級当たりの児童生徒数を抑えたり、障害のある子どもの支援を担当する教員を配置したりするなど、大きな制度改革が必要です。少なくともイタリアで実施している基準にまで通常学級の支援リソースを増加させるべきでしょう。

しかしながら、単純に1学級の児童生徒数の減少や支援教員の配置などが実現しても、それだけでインクルーシブ学級が実現するわけではありません。通常学級の授業づくりや学級経営が、多様性を包摂する方向で改善されていなければ、学級定員の減や支援教員といったリソースが別の教育的課題（学力向上など）に利用されてしまい、肝心の障害のある子どもへの支援がおざなりになってしまう可能性があります。まずは通常学級における授業UDを確実に展開していくことが必要であり、それ抜きで支援リソースを増やしても、「仏作って魂入れず」になるでしょう。

中には「今すぐ特別支援学級や特別支援学校を廃止して、フル・インクルージョンを実現すべき」と主張される方もいるかもしれません。しかし、特別支援学級や特別支援学校が学びの場として必要な子どももいます。強引に制度を変更してフル・インクルージョンへ移行することは、現在、特別支援学級や特別支援学校で学んでいる子どもの学びの場を奪うことになりますし、そもそも、なぜ特別支援学級や特別支援学校が学びの場として選ばれているのかを考える必要があります。すなわち、通常学級がインクルーシブになっていないので、特別支援学級や特別支援学校が選ばれているのであり、強引に廃止してもうまく機能しないのは火を見るよりも明らかです。

特に、現在は特別支援学級・学校への移籍が増え続けているため、通常学級でのインクルーシブが後退していると言わざるを得ません。このような状況の中で制度だけを強引に変更しても、現場が混乱するだけです。２０２２年４月の「交流及び共同学習の時間を制限する」通知のことを思えば、現場での具体的な取り組みが先行されるべきで、それ抜きでの制度変更は混乱をもたらすだけになることは明確です。

インクルーシブ学級で学んだ子どもが将来の共生社会を作る

インクルーシブ学級を実現することは、障害のある子どもへの教育を充実するだけでなく、これからの未来社会における必要な人材を育成することにつながります。すなわち国際的な潮流である「多様性の包摂」を体現し、立場の異なる他者と協働して新たな価値を創出することができるシティズンシップ（市民性）を備えた人材を輩出することにつながるのです。

他者と協働するシティズンシップの涵養は、SDGs（Sustainable Development Goals：持続可能な開発目標）の達成という点からも重要です。もちろんSDGsの掲げる目標の1つに「質の高い教育をみんなに」があり、途上国などを中心に世界には学校教育を受けることができない子ども達が約1・3億人もいると言われており、2030年までに全ての子どもが文字の読み書きや計算といった基礎的な教育を受けることできるよう、目標が設定されています。それ以外にも、教育におけるジェンダー格差の解消や障害者などの脆弱層があらゆるレベルの教育や職業訓練に平等にアクセスでき、全ての子どもが無償かつ公正で「質の高い初等教育及び中等教育」を修了できることが盛り込まれています。その意味で、インクルーシブ学級の実現自体がSDGsの目標の1つでもあるのですが、インクルーシブ学級が実現することは、SDGsの他の目標達成にも大きく関わってきます。

そもそもSDGsが目指すものは大幅な気候変動、災害やパンデミック、紛争などの世界的課題に対して世界中の様々な立場の人々が共に考え解決していくこと、すなわち「多様性の包摂と協働による問題解決」という普遍的な価値観を共有することにあります。たとえば、「カーボンニュートラルの実現」というトピック1つにしても、2021年の気候サミットの議論に見られるように、それぞれの国の立場の違いによって主張は異なります。人類の叡智を結集して取り組まねばならない課題であることは共通理解できても、国によって設定する達成目標や実現の方法も多様です。こうした様々な立場を超えて協働していく社会を形成するために、「多様性の包摂と協働による問題解決」という価値観を基盤としたシティズンシップを備えた人材を輩出することが、これからの学校教育には強く求められていることは間違いありません。

小学校や中学校などの多感な時期に、多様な特性のある人達と関わって協働する体験は、その人の成長後における多様性を包摂する態度形成に大きな影響を与えます。私は現在、同じ大学の発達心理学を専門とする高崎文子先生、住居学を専門とする中迫由美先生との共同研究[MM]で、「多様性の包摂」に関する研究を行っています。その一環で行った大学生１４４名を対象にした調査で、発達障害的特性や異なる言語・宗教・国籍およびジェンダー多様性のある人達への過去の接触経験と、それらの人達に対する周囲の受容状況について質問したところ、仲の良い友人として多くの多様な属性と接した経験がある人は、現在においてもより積極的に多様性を包摂しようとする態度が形成されていました。ここで重要なのは、単純に多様な特性のある人と接触するのではなく、そうした人達を積極的に包摂しようとする周囲の取り組みや雰囲気に触れることが大きな影響をもたらす、ということです。インクルーシブ学級を実現して、様々な特性のある子ども達を包摂することが当たり前という環境を構築することが、未来社会の一員としてのシティズンシップを育むことになるのです。

2 「個別最適な学びと協働的な学びの一体的充実」とインクルーシブ教育システム

「個別最適な学び」とは

「個別最適化」というキーワードが注目されるようになったのは、経済産業省が主宰する『未来の教室』とEdTech研究会」（以下、「未来の教室」研究会）の第1次提言（2018年6月）において「ビッグデータとＡＩの助けを得た『学習の個別最適化』が論じられたところからでしょう。この「未来の教室」研究会は、これからの産業界をリードする人材や産業のチェンジメーカー[※26]を育成するという意図から学校教育のあり方を議論し、特にEdTechと呼ばれるテクノロジー技術を教育分野に導入することを目指す先鋭的な提言をして注目されました。このプロジェクトの中で提言された教育のＩＣＴ化が、文科省のＧＩＧＡスクール構想に結び付いていることは言うまでもありませ

※26 「社会問題を放置せずにビジネスなどを通して課題の解消に挑戦する人」の意。起業家などが目指すべき到達点とされます。

ん。「個別最適化」のキーワードが、EdTechを掲げた「未来の教室」研究会から立案されたこともあり、当初は「学びの個別最適化」は教育のICT活用と一緒に論じられることが多かったと思います。

この経産省が主導して提言した「学びの個別最適化」に対して、文科省は「公正に個別最適化された学び」という、経産省とは類似しつつも趣が若干異なる用語を立案しました。この「公正に個別最適化された学び」が、中教審における議論の中で「個別最適な学びと協働的な学びの一体的な充実」として「令和の日本型学校教育」における目指すべき姿としてまとめられていきました。

「個別最適」の意味を再考する

「個別最適」のキーワードが登場してきた経緯を辿ると、その言葉の意味が使われる文脈によって微妙に異なっていることが分かります。概ね文科省は「個人の尊厳や自立の基盤である公正な学びの機会の確保を重視」するという立場から〝個別最適〟というキーワードを用い、経産省は「社会の構造的変化をリードし競争に打ち勝つチェンジメーカーとその創造的な課題発見・解決力の育成を重視」する立場から用いているようです。文科省と経産省の違いだけでなく、この〝個別最適〟という用語は論者によって意味が異なる場合が多く、そのため様々な場所で「〝個別最適〟とは何か？」という議論が果てしなく行われている現状があります。

それではインクルーシブ教育という観点からみた場合、「個別最適な学び」あるいは「学びの個別最適化」は、どういう意味として捉えるべきなのでしょうか。様々な議論はありますが、学びの何を個別最適化するのかという視点で考えてみましょう。様々な論者が述べている個別最適化の意味を俯瞰したとき、およそ次の3つの意味が混在していることに気づきます。

・学びの進度（Speed：速さ）を個別最適化する、という意味
・学びの内容（Subject：題材）を個別最適化する、という意味
・学びの方法（Strategy：方略）を個別最適化する、という意味

それぞれの論者は、このSpeed、Subject、Strategyの3つのSのうち、どこを個別最適化するかによって立ち位置が分かれているように思えます。たとえば個別最適な学びとして「自由進度学習」の導入を主張される方は、学びの進度を個別最適化することを志向しています。一方、探究型学習の導入を主張される方は、個々人の興味関心に応じて何を学ぶかを柔軟に変えていくことが学びの個別最適化である、と志向されているように思えます。経産省の「ビッグデータとＡＩを活用して学びの習熟度や個人の興味関心に応じた教材を提供する」は、このSpeedとSubjectを個別最適化していくことを重視していると思います。

私のように発達障害のある子どもの教育に携わる立場にとっては、学びの方法を個々の子どもに合わせる、すなわちStrategyの個別最適化が最も重要だと思います。発達障害のある子どもにと

っては、本人の特性に応じた学習方略で学ぶことが、学習を進める上で最も効果的であることが多くの研究で示されているからです。もちろん学習につまずきがある子どもに下学年の内容を復習する機会を準備したり、特定の分野に強い才能を示す子どもにその分野の学習を深く探究できる機会を与えたりすることは必要です。しかしながら、単純に学習進度を遅めたり、未獲得の学習内容を繰り返し学習するだけでは効果的に学習は進みませんし、こだわりの強いお子さんの場合、特定の分野や題材に関する学びについてはとても意欲的に学びを進めるものの、その分野や題材から発展して新たな学びへ進まないこともあります。Strategyを変えていかなければ、学習につまずきや困難のある子どもの学習保障はできないのです。

また、学習進度や題材の変更は、現行の制度の中でもある程度は許容されるものの、学習指導要領を前提とした学校教育システムの中では限界があります。学習方略を個別最適化することはアコモデーション（調整）に該当しますが、学習進度や学ぶ内容を変えることはカリキュラムのモディフィケーションに当たります。よって現在の学習指導要領の枠組みの中ではSpeedとSubjectの個別最適化には限界があります。日本の学校教育制度を根本的に変えない限り、SpeedとSubjectの個別最適化はある程度の枠内でしか行えず、その枠からはみ出てしまう子どもは、今までと同じように学びの場を変えていくしかありません。根本的な制度変更を伴わずにSpeedとSubjectを個別最適化するだけでは、インクルージョンの促進にはつながらないと思います。

「協働的な学び」をどう考えるか

個別最適な学びと比べると、協働的な学びについては論者によって大きな違いはないように思います。どの識者も、協働的な学びとはクラスの中で興味関心や考え方の異なる子ども同士がコラボレーションして、深い学びに向かっていく姿を思い描いているようです。ある意味、協働的な学びは従来の学校教育が目指してきた授業づくりや学級づくりとほとんど齟齬がないように思います。

しかしながら、通常学級に在籍する子どもの多様性に注目が集まっている現在、協働的な学びをどのように進めていくかについては、これまでの伝統的な授業づくり・学級づくりの方法論では難しいと考えます。第Ⅰ部で触れたように、通常学級の中には特別な教育的ニーズのある子どもが8・8％も存在し、より手厚い支援を求めて特別支援学級や特別支援学校に移籍する子どもが増えています。さらに情緒的な問題を抱える子どもや外国にルーツのある子どもなど、従来よりも通常学級の子どもの多様性は拡がっています。そのため、全ての子ども達の学びを保障するためにＵＤの考え方はより重要になっています。

一方で、クラスの子ども達に多様性があるからこそ、協働的な学びの意義はより深くなると言えます。人とはちょっと違った視点や考え方が異なる子どもがいてこそ、授業の中で多様な考え方に触れる機会を生み、子ども達の学習をより深化させていくことになるのです。多様な子どもをインクルーシブ可能な授業や学級に変えていくこと、すなわちインクルーシブ学級を実現することと協働的な学びはつながっているのです。

個別最適な学びと協働的な学びを一体的に充実させていくには

そのように考えると、文科省が打ち出した「個別最適な学びと協働的な学びの一体的な充実」の方向性は、多様性を包摂するインクルーシブ学級の実現と同じ方向を向いていると言えます。インクルーシブ学級を実現することが、「個別最適な学びと協働的な学びの一体的な充実」を実現することにつながり、その意義を高めていくのです。

本書で論じてきたUDの視点から考えると、学習方略を個別最適化するというのは、UDLが目指す方向と一致します。一人ひとりの特性に合わせたオプションを充実させて、子ども達が主体的に学習を進めていけるように促すUDL授業は、まさに学びの個別最適化と言えるでしょう。一方、協働的な学びを実現するためには、多様な子ども達が参加しやすい授業や学級づくりが不可欠です。すなわち授業のアクセシビリティを高め、子ども達が同じねらいに向かって学びを進めていく授業UDの目指す方向そのものです。

そのように考えると、「個別最適な学びと協働的な学びの一体的な充実」には、授業UDとUDLを統合した新しいUD授業の形を目指すことが必要だと考えます。つまり、デザイン志向型の授業

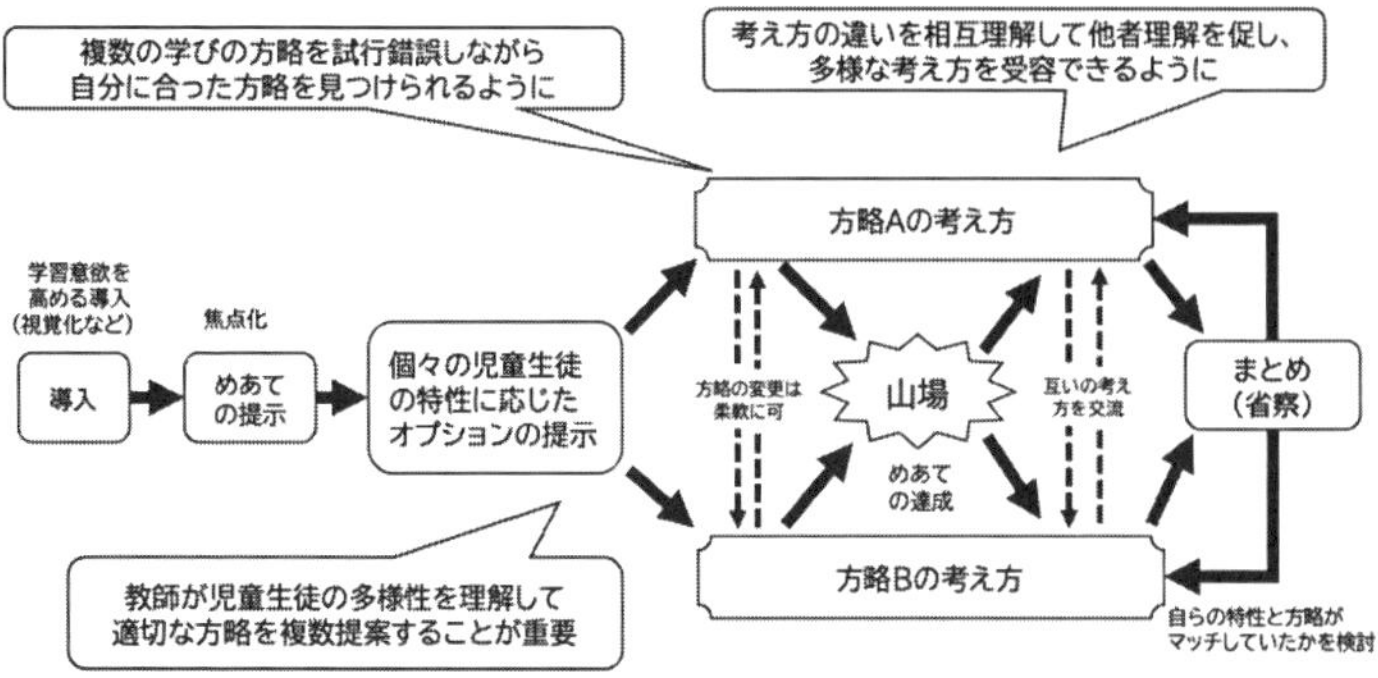
複数の学びの方略を試行錯誤しながら
自分に合った方略を見つけられるように
考え方の違いを相互理解して他者理解を促し、
多様な考え方を受容できるように
学習意欲を高める導入（視覚化など）
導入
焦点化
めあての提示
個々の児童生徒の特性に応じたオプションの提示
方略Aの考え方
方略の変更は柔軟に可
山場
めあての達成
互いの考え方を交流
方略Bの考え方
まとめ（省察）
自らの特性と方略がマッチしていたかを検討
教師が児童生徒の多様性を理解して
適切な方略を複数提案することが重要

複線型UD授業の流れ（案）

UDの方法とオプション志向型のUDLの方法を組み合わせて、十分にアクセシビリティが確保されることを前提に、子ども達が一体となって教科の本質に迫りながらも、その学びの方略には一人ひとりの特性に合わせてオプションが準備される、そのような新しいUD授業が求められているのではないでしょうか。

新しいUD授業のカタチ

この新しいUD授業を目指して、私の研究室では試行的な取り組みを始めています。具体的には視覚化・共有化・焦点化といった授業UDの手立てを用いながら、問題解決の考え方に複数のオプションを提示する「複線型」のUD授業のあり方と効果について検証しています。子ども達は、提示されたオプションから、自らに適した考え方はどちらかを選択し学習をします。そして、互いの考え方を交流しながら自分の考え方を振り返るよう促すことで、学習内容に対する理解を

【漢字学習の場合】

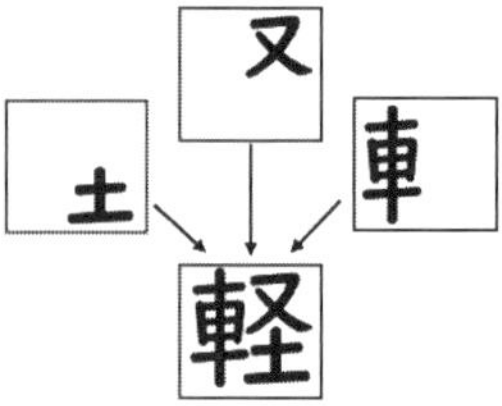

視覚的に強い子どもは文字を
分解・構成する方略が有効

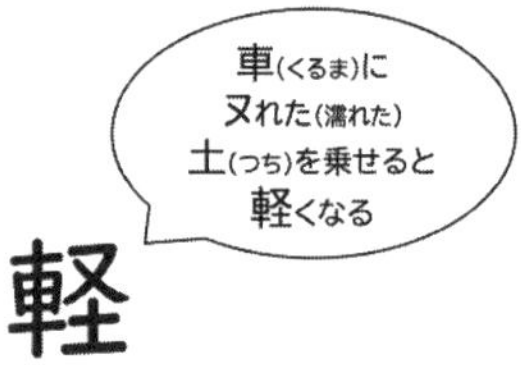

聴覚的に強い子どもは言語的な意味づけや
語呂合わせ方略が有効

【筆算の学習の場合】

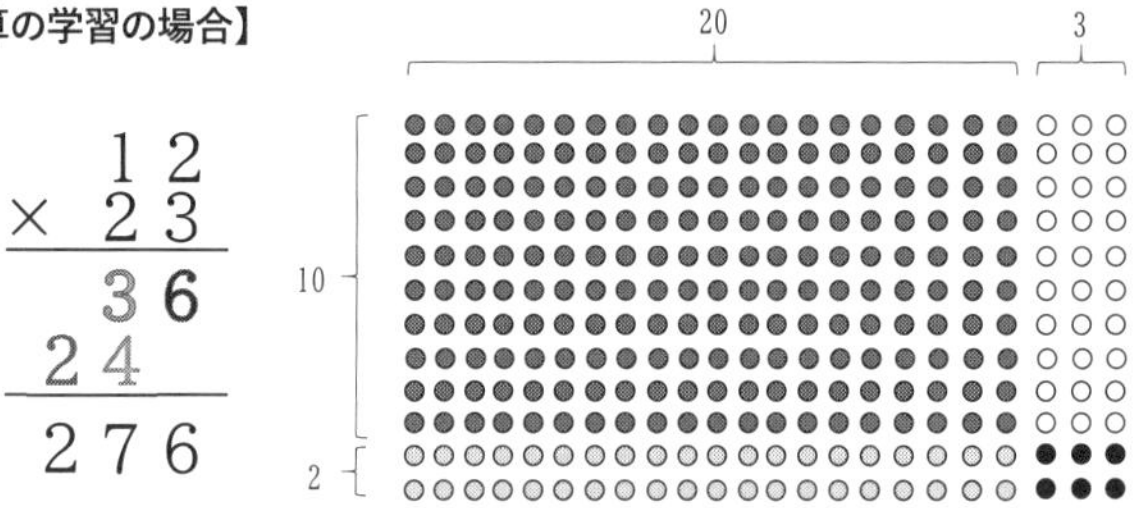

「同時処理」型の子どもは全体の関連性を踏まえた指導が理解しやすい

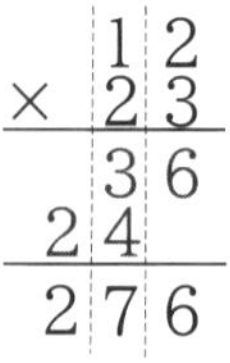

① 下の一の位と上の一の位をかける
② 下の一の位と上の十の位をかける
③ 下の十の位と上の一の位をかける
④ 下の十の位と上の十の位をかける
⑤ 数字を上から下にたす

「継次処理」型の子どもは順序を踏まえた段階的指導が理解しやすい

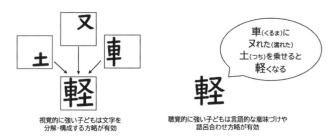

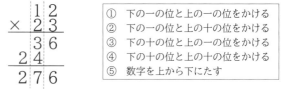

より深めていくことをねらいます。こうした複線型のUD授業を繰り返していくことで、子どもが徐々に自らの学習の仕方を理解し、学びのエキスパートになっていくことが期待できます。

この複線型のオプションについては、これまでの特別支援教育で培ってきた、様々な特性のある子どもへの指導方法が活用されます。視覚的認知能力と聴覚的認知能力の違いや同時処理・継次処理といった情報処理の違いなどを踏まえて、それぞれに適した考え方を提案します。たとえば漢字の学習の際、視覚的に強いお子さんが得意な方法として、部首毎に区分されたパーツを組み合わせるパズルのような覚え方と、聴覚的に強いお子さんが得意な語呂合わせを使った覚え方の両方を提示します。「どちらを使って覚えても良い」ことを伝えながら、自分はどちらで覚える方が得意かを意識させていくことで、徐々に自らの特性を理解していくようになるでしょう。算数の場合だと、筆算の仕方を学習する際、同時処理が強い子どもは筆算の仕組みを図に示して相互の関係を捉えさせ、継次処理が強い子どもは筆算の手順をステップごとに覚えていく方法を提示するなど、教科や単元によって有効だと思われるオプションを用意することが考えられます。

複線型のUD授業の試み

私の研究室に在籍していた教職大学院生の久村忠司先生は、6年生算数の「資料の調べ方」単元で、複線型のUD授業に取り組みました。この単元は9時間構成ですが、第6時では同じデータを度数分布表と帯グラフ、ヒストグラムの3パターンで示し、どの表し方が分かりやすいかを子どもに考えさせました。どのデータの表し方も一長一短あるのですが、場面に応じた表し方を考えさせるとともに、自分はどれが理解しやすいかについても考えるようにしかけていきました。帯グラフやヒストグラムは図に含まれる各要素の位置関係を捉える必要があるため同時処理型の子どもにとって理解しやすく、表形式で示される度数分布表は継次処理の子どもが理解しやすいはずです。

久村先生の実践研究では、事前に子ども達に簡単な集団式の認知特性テストを行い、子どもの同時処理と継次処理の能力について測定しています。その結果から、それぞれの子どもが同時処理型か、それとも継次処理型か、あるいは両者の差が小さいバランス型なのかを判断して、授業中のオプションの選択と比べていきました。ここでは、同時処理・継次処理の間に標準得点で1SD以上の開きがある場合、強い処理の仕方をその子どもの認知特性と仮定し、両者の差が1SD未満の場合をバランス型としています。

全ての授業が終了したのち、子どもに単元の適用問題を実施しました。第6時と同じ問題構造の度数分布表とヒストグラムのどちらで考えても良い問題を出題し、子ども達にどちらが考えやすかったかを尋ねたところ、「両方わかりやすかった」が49%、「度数分布表」が22%、「ヒストグラム」が24%でした。残りの5%は「両方わかりにくかった」でした。子ども達の認知処理のタイプ別にみると、継次処理型の子どもは度数分布表を選ぶ子が36%に増え、ヒストグラムを選ぶ子は14%に減りました。一方、同時処理型の子どもは、度数分布表とヒストグラムはそれぞれどちらも24％で割合が変わりませんでした。

継次処理型の子どもについては、複線型授業により自らの特性に適した考え方を選択することが促されましたが、同時処理型の子どもについてはなぜ変化がなかったのでしょうか。おそらくこれは算数・数学の見方・考え方の問題にも関わってきます。算数・数学の課題解決は同時処理型の思考が求められることが多く、継次処理が優位な子どもにはハードルが高いのです。実際に、適用問題の成績も同時処理型の子どもの方が高く、同時処理型の子どもにとっては度数分布表とヒストグラムのどちらで考えても理解しやすかったのだと思います。ある意味では、算数・数学の見方・考え方は同時処理的な情報処理ができることと言い換えることもできるでしょう。

この同時処理の考え方と継次処理の考え方のどちらが良いかを、大学で数学を専攻している学生に尋ねてみると、ほとんどの学生が〝同時処理の方が分かりやすい〟と答えます。「継次処理の方が分かりやすいという人がいるなんて思いもしなかった」と述べる人もいます。そのためか、数学科の学生さんに指導案を考えてもらうと、ほとんどが自分が分かりやすい同時処理的な説明と解法の仕方を使います。数学が得意ではなかった他専攻の学生から「その説明だとよく分からない」と指摘されることもあります。どうしても自分が考えやすかった方略が全員分かりやすい方略であると思い込みやすいのです。

しかし、ユニバーサルデザインの視点から考えると、継次処理型の子どもでも「わかる・できる」を実感できる方略も提示されていることは重要です。そして同時処理型の子どもにとっても、自分が考えやすい方略以外が良い人もいる、ということに対する気づきがより学習を深めることにつながり、そのことが「多様性を包摂する」ことの大事さに結び付くのではないでしょうか。

この複線型の新しいＵＤ授業に関する取り組みはまだ始めたばかりなので、具体的な実践を積み重ねるとともに、その効果検証を進めていくことが必要です。令和の日本型学校教育が目指す「個別最適な学びと協働的な学びの一体的な充実」の具体的方法論として、新しいＵＤ授業のカタチを模索していければと思っています。

3　インクルーシブ教育におけるＩＣＴ活用

もう1つ、これからの学校教育に欠かせないＩＣＴ活用と授業ＵＤについて触れておきます。コロナ禍によってＧＩＧＡスクール構想が加速し、1人1台端末の学習環境が実現しました。私が所属する熊本大学がある熊本市は全国でも先駆けてタブレット端末の学習利用を開始し、２０２０年3月からのコロナ休校では全小中学校でオンライン授業を実現するなど、ＩＣＴ活用が目覚ましく進展しました。1人1台端末の学習環境が実現したことにより、授業の形は大きく変わりました。特に熊本市では「ロイロノート・スクール」[※27]を活用し、ＩＣＴ機器を利用して子ども達の主体的学習を促す実践が盛んです。また熊本市では不登校の子どもを対象にしたオンライン学習支援の取り組みも全国に先駆けて始まっています。こうしたＩＣＴ活用はインクルーシブ教育システムにおい

※27　ロイロ社が提供するクラウド型授業支援アプリ。リアルタイムで双方向のやりとりが可能で、教材配布や回答の共有機能などを備えています。

ては大きな役割を果たすものと思われます。

授業UDとICT活用

1人1台端末環境の整備は、授業UDにも大きな影響を与えます。たとえば「視覚化」の手立てはICTツールの利用によって、より効果的な手立てにしていくことが期待されます。子ども達の注意を惹きたい時に効果的に視覚的刺激を出現させたり、ポイントとなる場所を拡大したり縮小したり、一部を隠したりなどの〝しかけ〟を入れることも容易になります。またタブレットの導入は、紙と鉛筆、言葉以外に子ども達が考えを表現する方法を増やしました。さらにロイロノート・スクールのような総合型授業支援アプリを使用することで、ベン図やチャートのような思考ツールの利用も容易になり、また回答共有機能を使えば、子ども達がお互いの考えを伝え合う「共有化」の手立てもより効果的に行えるようになりました。授業UDの具体的な手立てとICT活用はとても親和性があると言えますし、ICTを使うからといって、授業UDが目指す授業のカタチが大きく変わるわけではありません。

一方で、授業でのICT活用が進むことで変化が生じるものもあります。具体的には黒板の使い方などが変わってくるでしょう。ある意味、黒板は最古の視覚化ツールです。子ども達の思考を図示したり、言語的な指示を書き留めたりなど、板書をすることは授業の視覚化そのものだと言えるからです。それがタブレットや大型ディスプレイが教室に配備されたことで、それぞれのツールが果たすべき役割を改めて整理する必要が生じています。黒板に板書すべきこと、大型ディスプレイで表示すべきこと、タブレットに配信して個別に表示すべきことを棲み分けていくべきです。

私個人としては、授業の流れが分かるように「めあて」や「問い」、「まとめ」や「振り返り」に関するものは従来通り黒板に板書した方が良いと思います。ディスプレイやタブレットは、アナログな黒板では表現しにくい動きのある視覚的手がかりを提示するには向いていますが、授業全体の流れを俯瞰するのには向いていないと感じています。板書が持つ機能を改めて整理し、ICTツールとの棲み分けをすることで、これからの授業づくりには、どのような板書が求められるのかを考える必要があります。

タブレットの活用と特別支援教育

そもそも、タブレットの利用は障害のある子ども達にとって有益なことが多く、GIGAスクール以前から授業中にタブレットを使いたい、という希望が本人や保護者などから出されることが多くありました。しかしながら、1人だけタブレットを使うという状況に抵抗があることも多く、合理的配慮としてタブレットを利用するにしても、第Ⅱ部でも述べたように周囲の子から「ずるい」と言われることもあるなど、利用のハードルが高い状況がありました。それがGIGAスクールによって全員がタブレットを使える状況になったことで、障害のある子が臆することなくタブレットを使えるようになってきたのです。

しかしながら、現状としてはＩＣＴの活用状況には地域差・学校差・教員格差があることも事実です。タブレットを用いた授業を積極的に展開する学校や先生もいれば、一応はタブレットを装備しているけれど授業自体は旧来のまま、ということもあります。また基本的にはＧＩＧＡスクールの整備は市区町村教育委員会単位で行われますので、選定機種や使用できるアプリなどに地域差があり、そのため具体的な実践報告についても自治体が違えば広がりにくい、という課題もあります。特に特別支援学校は都道府県立が多いため、タブレットの整備は都道府県教育委員会が担うことになりますが、同じ市区町村にいる子どもが違う端末・アプリを使わざるを得ないという状況が生じています。たとえば市立の小学校ではロイロノート・スクールを使って授業を受けていた子どもが、県立の特別支援学校へ転校したところ慣れ親しんだロイロノート・スクールが使えず、別のアプリ（Microsoft Teamsなど）を使わざるを得なかった、ということも実際に起きています。インクルーシブ教育システムとして連続的な学びの場を確保するためには、こうした問題についても検討せねばなりません。

オンライン授業と発達障害のある子ども達

さらにコロナ禍では、大学でも対面授業が制限されたことにより、オンライン授業が当たり前の風景になりました。これまでも放送大学等ではメディアを通じた授業も行われていましたが、多くの場合、授業と言えば教室に集まって一斉に受講するのが当然でした。ところがコロナ禍によって多くの授業がオンラインになったことで、それまでになかった問題が浮き彫りになると同時に、オンライン授業のメリットについても明らかになってきました。

私はコロナ禍になった2020年度に、私と同じ熊本大学教育学部に所属する黒山竜太先生と本吉大介先生との共同研究[※28]を行い、発達障害学生がオンライン授業で困っていることなど、オンライン授業のメリット・デメリットについて調査しました[NN]。全国781大学（キャンパスが複数の都道府県に設置されている場合はキャンパス毎）の障害学生支援担当者を対象にアンケートをとったところ、最も多かった困りごとは「課題の量・頻度に関すること」で、特にADHDのある学生がオンライン動画の視聴を忘れたり、課題の提出期限を守れなかったりと、対面授業に比べてオンライン授業での学習が進んでいないことが示唆されました。基本的にオンライン授業は自室で受講するため周囲に注意を惹くものが多く、授業に集中しにくいようです。またオンライン授業では受講確認のための課題が多くなるため、複数の授業科目で課題の提出期限が重なる場合などスケジュールの

※28　本調査は「2020年度熊本大学アマビエ研究推進事業」の採択課題として実施しました。

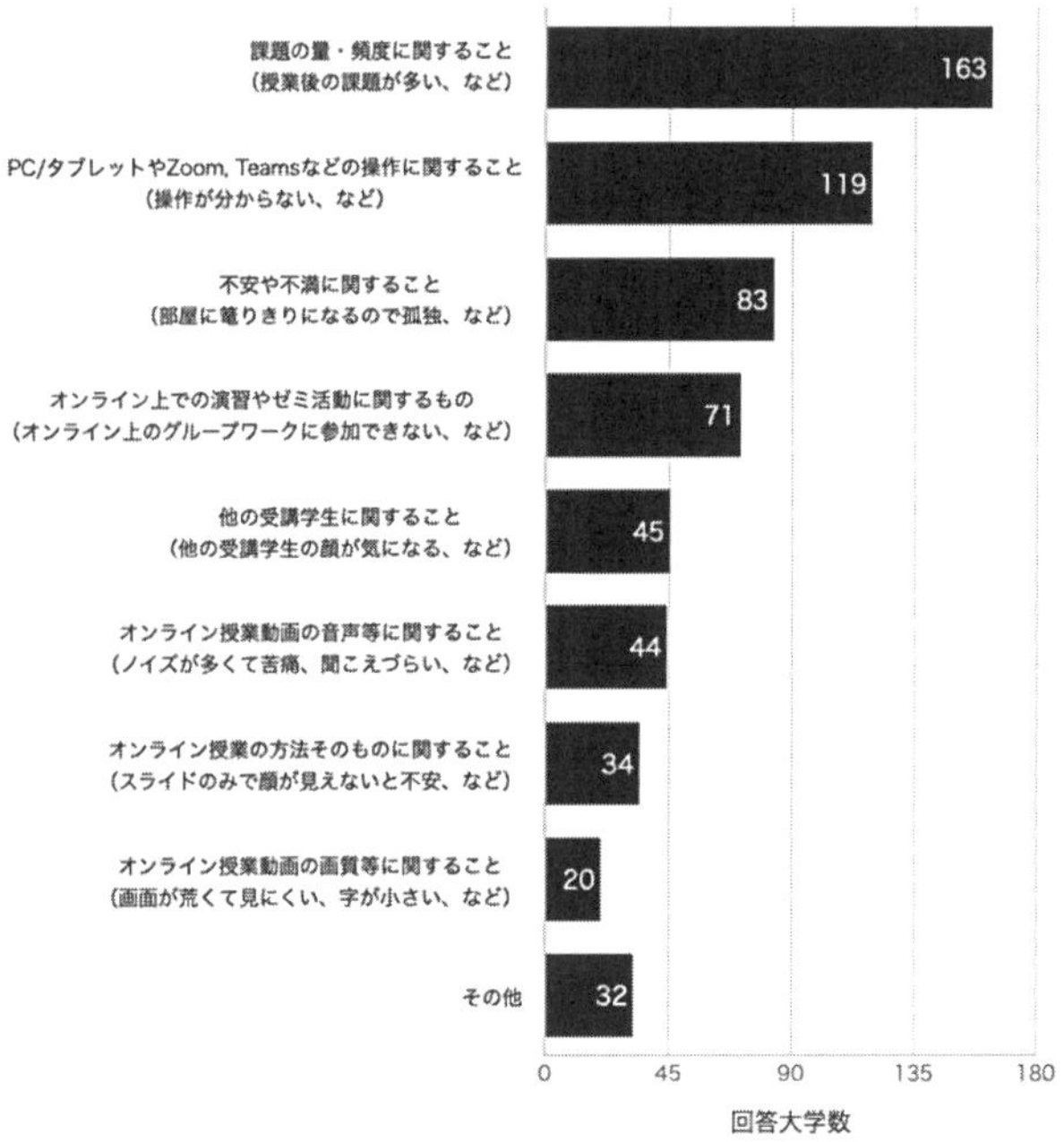

発達障害学生がオンライン授業で困ったこと（菊池・黒山・本吉, 2022より）

自己管理が強く求められます。ＡＤＨＤのある学生にとっては、オンライン授業で集中し続けることがかなり負担であることがうかがえます。

またオンライン授業で発達障害学生が困ったこととして、オンライン上の演習やゼミ指導などの活動に参加できないことが挙げられました。オンライン上では対面と違ってノンバーバル（非言語）コミュニケーションに制限がかかります。活動に対する教員の指示が明確でないと、学生は何をすれば良いか分からなくなったり、ディスカッションでの発言がしにくくなったりと、教室という空間に集まっていた時とは異なる困りごとが生じるのです。

　また困りごとの1つに、「画質や音質に関すること」が挙げられています。オンライン授業開始当初は、授業動画を作成する教員も手探りだったため、画質が粗く「文字が見づらい」という意見が寄せられたり、感覚過敏の学生が「音声にノイズが入っていて苦痛」と訴えるなど、動画自体のクオリティが影響することが分かります。特に音が反響しやすい環境で収録した動画は、再生すると教員の声にエコーがかかったようになるため聞き取りづらくなり、視聴にストレスがかかるようになります。

　一方、オンライン授業のメリットとして、自宅という安心できる環境で受講できることや、よく分からなかったところを繰り返し視聴できることなどが挙げられました。特に精神障害のある学生にとっては、体調の波があるため、自宅から受けられるオンライン授業は安心して学習できるメリットが大きいようでした。また、ASDのある学生にとっては、ノンバーバルコミュニケーションに制限がかかるオンラインの方が受講しやすい面もあるようです。対面でのコミュニケーションは、顔の表情や口調などによって言葉の意味が変わるのですが、[※29]オンラインでは非言語情報の影響が比較的少なくなり、言葉の意味を明確にしたコミュニケーションに自然となっていきます。ASD学生にとっては、ノンバーバルコミュニケーションを使わないオンラインの方が理解しやすいというメリットもあるようです。

この調査は発達障害のある大学生を対象にしたものですが、子どもの場合であっても同じような困りごとが生じます。コロナ休校中に熊本市で行われた小中学校のオンライン授業でも、自宅からのアクセスでは授業に集中できなかったり、指示が聞き取れず混乱したりといった様子がみられました。一方、不登校のお子さんがオンライン授業には参加できたという事例もあり、オンライン授業によって学びが進む場合もあることが分かってきました。

コロナ禍でのオンライン授業の取り組みを省みると、それまで特に困りごとがなかった人に困りごとが生じてきたり、それまで困っていた人の困りごとが解決できたりと、授業のカタチが変われば困りごとも変わってくるということが言えます。したがって、オンライン授業に限らず、新しい授業の方法を導入する際にはこの方法によって困りごとが増える人はいないかということを検討する必要があるのです。

これからのオンライン授業のあり方

コロナ禍が一段落して、大学の授業もほとんどが対面に戻ってきました。しかしコロナ禍で培ったオンライン授業のノウハウが、障害のある学生への合理的配慮として活用されつつあります。障害のある学生がその障害から派生する理由によって授業への参加が難しい場合、これまでは障害学生本人にある程度負担を強いる形で授業に参加してもらったり、あるいは合理的配慮として代替措置が取られたりなど、限られた支援しかできないことが多かったと思います。それがオンラインで授業に参加するという方法が一般的になったことにより、障害学生に負担を強いることなく学習可能な環境を提供することができるようになったのです。

しかしながら、合理的配慮と称して安易に障害学生はオンラインで授業に参加すれば良いとなってしまうのは望ましくありません。あくまで合理的配慮は最後の手段として学生の学ぶ権利を保障する公正性を担保するためのもので、一般学生に対面で授業を行うならば、まずは対面授業にどうすれば参加できるようになるかを検討する必要があります。それでも対面授業に参加することが難しいという場合にオンラインでの受講という選択肢がとられるべきでしょう。

その上で、障害学生がオンラインで受講するならば、オンライン授業の中でも学びが確実に保障されるように、対面で受講しているのと同じような学習効果が得られるよう、徹底して様々な配慮をする必要があります。教員の声が聞き取りにくかったり、スライドが見にくかったりしては困ります。オンライン授業のＵＤ化を進めなければなりません。

※29　たとえば「大丈夫です」という言葉は、その人が快活に述べていたら字義通り大丈夫という意味ですが、真っ青な顔で弱々しく述べていたら、本当は大丈夫ではなく助けが欲しい、という意味になります。

オンライン授業のユニバーサルデザイン化

私は研究室に在籍していた大学院生の四ツ村成美さんと共に、オンライン授業における画質や音質について、どのくらいのクオリティを得ることが望ましいのか、実験的に検討しました○○。その結果、画質については受講者のディスプレイサイズにもよりますが、スライドではフォントサイズが28ポイントより小さくなると一部の受講者が読みにくくなると感じるようです。ただし、UDフォントを使うと、24~26ポイントくらいまで許容できました。またカメラで黒板を映写する場合、黒板全面を一度に映す場合は10×10センチの大きさで文字を書かないと、分かりにくくなるようです。また、黒板をカメラに映す場合はピントが中心付近に当たりますので、端の方になるとぼやけて読みにくくなります。もう少し大きめに文字を書かないと、読みにくいと感じる人がいるようです。

一方、音質については使用するマイクの種類によって大きく変わります。iPadなどのタブレットやPCに備わっているマイクは指向性が広く幅広く音を拾いますので、教室の反響音なども入ってしまい聞こえづらくなります。そのため教師の声を中心に拾う単指向性のマイクを使用すると聞き取りやすくなります。ただし、いわゆるヘッドセットマイクの場合、マイクの場所によっては教師の呼吸音なども拾ってしまいますので、装着箇所には注意する必要があります。

この他、オンライン授業の進め方全般について留意点をまとめて作成したものが、「ユニバーサル

ユニバーサルデザインの視点を踏まえたオンライン授業ガイドライン
(Draft 版)

【学内支援担当者用】

課題の量や締め切りに対する基準の設定
学内で課題の量や動画の視聴期限、課題の提出期限の目安などについて統一基準を設け、授業科目間で差が大きくならないようにする

受講状況の定期的なチェック
受講状況を定期的にチェックし、課題の提出などが滞っている場合は、授業担当者と支援担当者が連携を取り、学生の様子を確認する

オンライン授業ツールのマニュアル作成
利用するオンライン授業ツール(ZoomやTeamsなど)のわかりやすいマニュアルを作成、配布する

大学からの連絡方法の一元化
大学から各種の連絡をする場合は、混乱しないように情報を整理した上で連絡方法を一元化する

オンライン授業の基本的なルールの設定と周知
授業時の顔出しや、教員への質問の仕方などの基本ルールを設定し、授業担当教員間で違いが少なくなるようにする

授業担当者への情報発信
授業担当者には事前に発達障害の特性について周知し、配慮事項を踏まえた授業づくりをしてもらう

【授業担当者用】

授業ルールや期限の明示
受講者に守ってもらいたいルールを明示する(授業時の顔出しや質問の仕方についてなど)、特に授業動画の視聴方法や課題の提出方法・期限などは明確に示す

画質及び視認性のよいスライド作成
UD フォントを使用する場合は 24 ポイント以上、それ以外のフォントでは 28 ポイント以上が目安(黒板・ホワイトボードの撮影は避ける)、可能な限り高画質(720dpi 以上)が望ましい

聴き取りやすい音声
ノイズや反響音が入らないよう静穏な環境にて収録・配信する
可能ならばダイナミックマイクやヘッドセットマイクを使用する

グループワークでの配慮
ブレイクアウトルームでのグループワークなど、受講生同士のやりとりをする場合には、基本的な進め方などは明確に指示を出し、教員も介入できるようにする

授業の雰囲気づくり
自宅にて独りで授業を受けていることから孤独感を感じやすいため、対面授業よりも楽しい雰囲気を作る工夫が必要(冒頭に音楽を入れる、楽しいエピソードを入れる)

スライドにはワイプを付ける
スライドに音声のみでは受講者の意欲や集中力が低下しやすいため、教員の顔が映るようワイプをつける

デザインの視点を踏まえたオンライン授業ガイドライン」です。主に大学でのオンライン授業を念頭に作成していますが、小学校や中学校、高校などでも活用できると思います。

これからはハイブリッド型の授業が進む

現状、（全ての学生がオンラインで受講する）完全オンライン授業については、コロナ禍を通してかなり条件整備が進んできましたが、対面と併用するハイブリッド型授業については、まだまだ課題があります。機材的な問題や、対面とオンライン受講者で格差が生じないような授業方法など、検討すべき事項は山積みです。しかし様々な障害のある学生のことを考えると、対面でもオンラインでも本人のニーズに応じてどちらでも受講できるようにハイブリッド型授業を整備していくことは重要です。特に身体障害のある人にとっては、教室への移動という最も大きなハードルを低くすることができますし、慢性疾患や精神障害のある人にとっては、日々の体調の波によって対面やオンラインを選択できると急な欠席などをしなくてよくなることもあります。

２０２２年に、私は障害学生を対象にハイブリッド型授業へのニーズについてアンケート調査をしました[PP]。この調査では視覚障害、聴覚障害、肢体不自由、発達障害、慢性疾患などの障害がある学生３００名と、統合失調症やうつ病、気分障害、不安障害などの精神障害のある学生２００名を対象にして、障害のない一般学生３００名の結果と比較しました。授業の規模や形式毎に、対面

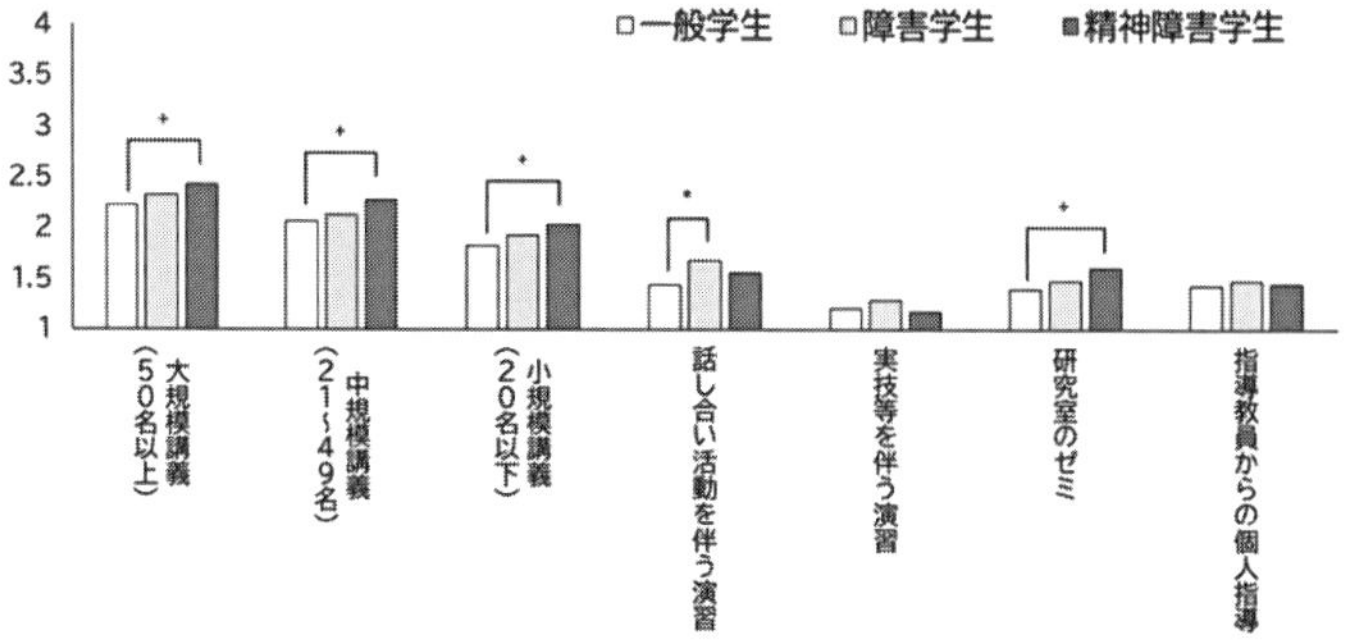

＊5件法（高得点の方がオンラインを選択）

＋ 有意な傾向がある（p<.10）　＊ 5%水準で有意な差あり

ハイブリッド型授業でオンラインと対面のどちらを選択するか（菊池, 2022より）

とオンラインのどちらで受講したいかを聞いたところ、講義形式の授業や研究室のゼミなどについては精神障害学生のオンライン受講希望割合が一般学生よりも高いことが示されました。やはり体調の波や対人不安などが影響していることがうかがえます。ただし、実技を伴う演習やディスカッションなどの話し合い活動を伴う授業、指導教員からの個人指導などについては一般学生と違いがなく、比較的少人数で行われる授業については対面の方が受講しやすさを感じているようでした。

一方、障害学生は、ほとんどの講義形式で一般学生と違いがありませんでしたが、唯一、ディスカッションなどの話し合いを伴う演習形式の授業ではオンライン受講を希望する割合が一般学生よりも高い傾向が見られました。ディスカッションでは全体の話の流れに合わせてタイミングよく自分の考えを表現する必要があるため、様々な障害によって表現に制約がかかりやすい障害学生はオンラインの方が受講しやすくなるのかもしれません。ＡＳＤのある人にとっては、ディスカッションで意見を述べるタイミングが難しいと感じている場合もあります。対面形式では、お互いの視線や表情によって意見を述べるタイミングが調整されるのですが、オンラインでは先述したようにノンバーバルコミュニケーションに制限がかかりますので、発言のタイミングは司会者などが「〇〇さん、いかがですか」など指名形式で進めることが多いです。そうした点も、話し合い活動を伴う授業で障害学生がオンライン受講を希望する理由でしょう。

こうしてみると、ハイブリッド型授業は各種の障害のある人をインクルーシブするための支援方法として拡がる可能性はあるものの、精神障害以外の障害者にとっての現状としてはそこまでメリットが多いわけではない、と言えるでしょう。もちろん、こうしたメリット・デメリットは、テクノロジーの進化によって変わってくると思います。オンライン受講であっても、対面と変わらないレベルで教師の声や表情が届き、受講者同士の交流も快適に行えるようにする必要があります。そうした技術革新が障害のある人の学びを保障することにつながることを期待しています。

小・中・高等学校においても、不登校や長期療養中の児童生徒が、ハイブリッド型授業によって学習を進めることが可能になることが期待されます。また普段は特別支援学校に在籍している子どもが、居住地の学校の授業に参加することも容易になるでしょう。障害のある子どもに対する発達保障を重視したカリキュラムと、障害のない子ども達と協働していく体験を重視したカリキュラムを両立させることもできるのではないでしょうか。障害のある子どもをはじめ、多様な教育的ニーズのある子ども達が、最適な環境で学びを進めることができる未来の学校の姿として、ＩＣＴ技術を活用したオンライン授業は可能性を秘めているのだと思います。

あとがき

本書では、これからの日本型インクルーシブ教育システムのあり方について、授業ＵＤの理論を中心に、どのようにインクルージョンを進めていくべきかについて論じてきました。通常学級をはじめとして現場に支援リソースを増加させることは不可欠ですが、具体的なインクルーシブ教育の進め方として、通常学級での授業ＵＤの取り組みを積極的に展開していくことが最も現実的な解なのではないでしょうか。授業ＵＤの取り組みを通して、通常学級を「多様性を包摂する」インクルーシブ学級に変化させることがまず必要であり、その上で通級や特別支援学級、特別支援学校と連続的な学びの場をシステムとして整備していくことが求められるのです。

もちろん、インクルーシブ教育の展開については多様な考え方があり、本書で述べてきたインクルーシブ教育の進め方では不十分であると感じられる方もいらっしゃるでしょう。あるいは、まずは日本の学校教育制度自体が改まるべきという主張をされる方もいるでしょう。本書で述べたのは１つの考え方に過ぎませんし、どのようにインクルーシブ教育を進めていくかについては多様な意見があると思います。日本がどのようにインクルージョンを進めていくべきか、本書が議論の叩き台となれば幸いです。

本書では、これからのインクルーシブ教育システムのあり方を議論するために押さえるべき基本的な考え方や歴史的経緯なども説明してきました。近年ではＳＮＳなど、個人が自由に意見を発信することができるため、インクルーシブ教育についても様々な方が意見を発信していますが、日本がどのようにインクルージョンを進めていくべきかの議論をするには、議論をするための〝土台〟が整っていないように思えます。そもそものインクルージョンや合理的配慮などの用語が極端に解釈された意味で使われたり、現在の制度がどのような歴史を経て成立しているかを無視した意見があったりと、建設的な議論になる前で止まっているように思います。特に発達障害に関する用語は、教育分野と医学分野では概念が異なるなど、とても複雑な背景があります。本書ではそうした用語や概念についても説明していますので、建設的な議論の参考にしていただければと思います。

本書で論じたことは、私と一緒に授業ＵＤを共に学んでいる仲間たちや私の研究室の学生たちから学んだことがたくさん含まれています。特に「くまもと授業のユニバーサルデザイン研究会（日本授業ＵＤ学会熊本支部）」のメンバーにはいつも支えられています。２０１５年に発足して以来、熊本地震（２０１６年４月）やコロナ禍（２０２０年２月〜）と続けて大きな災禍に見舞われながらも、授業づくりや学級づくりへのあくなき追求の姿勢から、たくさんのことを学ばせてもらっています。改めて感謝の意を表します。

本書の企画段階からご助言いただきました東洋館出版社の大場亨様に感謝申し上げます。

2024年1月

菊池　哲平

引用・参考文献

A　文部科学省初等中等教育局特別支援教育課（2022）. 通常の学級に在籍する特別な教育的支援を必要とする児童生徒に関する調査結果（令和4年）について. https://www.mext.go.jp/b_menu/houdou/2022/1421569_00005.htm.

B　文部科学省初等中等教育局特別支援教育課（2012）. 通常の学級に在籍する発達障害の可能性のある特別な教育的支援を必要とする児童生徒に関する調査結果について. https://www.mext.go.jp/a_menu/shotou/tokubetu/material/1328729.htm.

C　文部科学省初等中等教育局特別支援教育課（2002）. 参考2「通常の学級に在籍する特別な教育的支援を必要とする児童生徒に関する全国実態調査」調査結果. https://www.mext.go.jp/b_menu/shingi/chousa/shotou/054/shiryo/attach/1361231.htm

D　Honda, H., Sasayama, D., Niimi, T., Shimizu, A., Toibana, Y., Kuge, R., Takagi, H., Nakajima, A., Sakatsume, R., Takahashi, M., Heda, T., Nitto, Y., Tukada, S. & Nishigaki, A.（2023）. Awareness of children's developmental problems and sharing of concerns with parents by preschool teachers and childcare workers: The Japanese context. Child: care, helth and development, Open Access, https://doi.org/10.1111/cch.13153

E　特殊教育総合研究調査協力者会議（議長: 辻村泰男氏）「特殊教育の基本的な施策のあり方について（報告）」1969年3月28日付.

F　Antonello Mure（2012）. Pedagogia Speciale, Riferimenti storici, temi e idee. 大内進（監）・大内紀彦（訳）（2022）イタリアのフルインクルーシブ教育: 障害児の学校を無くした教育の歴史・課題・理念. 明石書店.

G　Lotter, V.（1966）. Epidemiology of autistic conditions in young children. Social Psychiatry, 1, 124-135.

H　Honda, H., Shimizu, Y., Misumi, K., Niimi, M., & Ohashi, Y.（1996）. Cumulative incidence and prevalence of childhood autism in children in Japan. Br J Psychiatry. 169（02）: 228-235. doi: 10.1192/bjp.169.2.228.

I　Kawamura, Y., Takahashi, O. & Ishii, T.（2008）. Reevaluating the incidence of pervasive developmental disorders: impact of elevated rates of detection through implementation of an integrated system of screening in Toyota, Japan. Psychiatry Clin Neurosci. 62（2）, 152-9.

J Saito, M., Hirota, T., Sakamoto, Y., Adachi, M., Takahashi, M., Osato-Kaneda, A., Kim, Y., Leventhal, B., Shui, A., Kato, S. & Nakamura, K.（2020）. Prevalence and cumulative incidence of autism spectrum disorders and the patterns of co-occurring neurodevelopmental disorders in a total population sample of 5-year-old children. Mol Autism. 11（1）: 35.

K 中央教育審議会「特別支援教育を推進するための制度の在り方について（答申）」平成17年12月8日付.

L 国立研究開発法人 建築研究所「ユニバーサルデザイン７原則」https://www.kenken.go.jp/japanese/research/hou/topics/universal/7udp.pdf

M 奈良県生駒市記者会見資料（平成31年3月26日）. https://www.city.ikoma.lg.jp/cmsfiles/contents/0000016/16969/310326_02.pdf

N 阿部利彦編著（2014）. 通常学級のユニバーサルデザイン　プランZero. 東洋館出版社.

O 佐藤慎二・太田俊己（2004）. 提言　授業で進める特別支援教育: どの子も主体的に取り組むユニバーサルデザインの授業を. 発達の遅れと教育, 562, 6-8.

P 佐藤慎二（2007）. 通常学級における特別支援:「あると便利」ユニバーサルデザイン　提言: ユニバーサルデザインの授業づくりのために. 特別支援教育研究, 596, 32-37.

Q 花熊曉（2011）. 学校全体で取り組む授業ユニバーサルデザイン: 子ども一人ひとりを大切にする授業をめざして. 特別支援教育研究, 652, 7-10.

R 東京都日野市公立小中学校全教師・東京都日野市教育委員会・小貫悟編著（2010）. 通常学級での特別支援教育のスタンダード: 自己チェックとユニバーサルデザイン環境の作り方. 東京書籍.

S 長江清和・細渕富夫（2005）. 小学校における授業のユニバーサルデザインの構想: 知的障害児の発達を促すインクルーシブ教育の実現に向けて. 埼玉大学紀要教育学部（教育科学）, 54（1）, 155-165.

T 桂聖・奈須正裕（2016）. 国語授業UD（ユニバーサルデザイン）のつくり方・見方. 学事出版.

U 小貫悟（2012）. 授業のユニバーサルデザイン化を達成するための視点:「〈授業のUD化〉をUD化する」ためのモデルづくり. 授業のユニバーサルデザイン, Vol.5, 東洋館出版社.

V 小貫悟（2018）. 学習指導要領の新しい動きと授業UDの技法: すべての「学びの過程における困難」に対して【手立て】を生み出す. 授業のユニバーサルデザイン

サルデザイン, Vol.11, 東洋館出版社.

W 赤坂真二（2019）. 学級経営の意味と課題. 日本学級経営学会誌, 第1巻, 1-4.

X 星槎教育研究所・日本標準教育研究所（企画）・阿部利彦（監修）（2009）. U-SST　ソーシャルスキルワーク. 日本標準.

Y 菊池哲平・川井敬二（2022）. 教室の音環境改善に対する吸音材の効果: 難聴児及び聴覚過敏性のある知的障害児を対象に. 日本特殊教育学会第60回大会発表論文集, P4-3.

Z 菊池哲平・川井敬二（2021）. 知的障害児生徒に対する教室の音環境改善の効果: 吸音材の仮設による残響音の低減を通して. 日本特殊教育学会第59回大会発表論文集, 0-R803.

AA 丸山直也・川井敬二・菊池哲平（2023）. 発達障害特性と認知課題遂行への吸音の効果との関係に関する実験. 日本建築学会技術報告集, 29（71）, 227-232.

BB 菊池哲平・内野龍一（2019）. 算数授業のユニバーサルデザイン化が及ぼす効果: 視覚化・共有化・焦点化の手立てを通して. 熊本大学教育実践研究, 36, 43-50.

CC 福本優紀・菊池哲平（2014）. 通常の学級におけるクラスワイドな支援のチェックリスト作成. 熊本大学教育学部紀要, 63, 187-193.

DD 吉田茂孝（2015）.「授業のユニバーサルデザイン」の教育方法学的検討（特集　通常教育の改革とインクルーシブ教育）. 障害者問題研究, 43（1）, 18-25.

EE 赤木和重（2017）. ユニバーサルデザインの授業づくり再考（特集　先走る教育技法）. 教育, 853, 73-80.

FF 苫野一徳（2019）.「学校」をつくり直す. 河出新書.

GG 桂聖（2009）. 全員の子どもが「わかる・できる」国語授業づくり. 廣瀬由美子・桂聖・坪田耕三（編著）通常の学級担任がつくる授業のユニバーサルデザイン: 国語・算数授業に特別支援教育の視点を取り入れた「わかる授業づくり」. 東洋館出版社, 14-17.

HH Scott, S.S., McGuire, J.M., & Embry, P.（2002）. Universal design for instruction fact sheet. Storrs: University of Connecticut, Center on Postsecondary Education and Disability.

II 片岡美華（2014）. ユニバーサルデザイン教育と特別支援教育の関係性についての一考察. 鹿児島大学教育学部研究紀要　教育科学編, 66, 21-32.

JJ 増田謙太郎（2022）. 学びのユニバーサルデザインと個別最適な学び. 明治図書出版.

KK 海津亜希子（2010）. 多層指導モデルMIM 「読みのアセスメント・指導パッケージ」. 学研教育みらい.

LL 海津亜希子（2023）. 多層指導モデルMIM 「さんすうのアセスメント・指導パッケージ」. Gakken.

MM 菊池哲平・高崎文子・中迫由美（2022）. 2022年度熊本大学SDGs研究推進事業「多様性を包摂する「未来の学校」プロジェクト～特別支援教育・発達心理学・住居学からの学際的アプローチ～」研究報告書. https://www.kumamoto-u.ac.jp/daigakujouhou/katudou/SDGs/kumadaisdgskenkyusuishin/file/r4seikahoukoku/11.pdf

NN 菊池哲平・黒山竜太・本吉大介（2022）. 発達障害学生のオンライン授業における困り感と支援ニーズ: ユニバーサルデザインの視点を踏まえたオンライン授業ガイドライン. 熊本大学教育実践研究, 39, 169-182.

OO 菊池哲平・四ツ村成美（2021）. ユニバーサルデザインの視点をふまえたオンライン授業ガイドラインの作成: 授業動画の画質・音質に着目して. 熊本大学教育学部紀要, 70, 69-81.

PP 菊池哲平（2023）. ハイブリッド授業に対する障害学生のニーズに関する調査研究. 熊本大学教育実践研究, 40, 65-72.

授業UD新論

～UDが牽引するインクルーシブ教育システム～

2024（令和6）年3月9日　初版第1刷発行

著者	菊池 哲平
発行者	錦織 圭之介
発行所	株式会社東洋館出版社 〒101-0054　東京都千代田区神田錦町2-9-1 コンフォール安田ビル 代　表　電話03-6778-4343　FAX03-5281-8091 営業部　電話03-6778-7278　FAX03-5281-8092 振替　00180-7-96823 URL　https://www.toyokan.co.jp
印刷・製本	岩岡印刷株式会社
装丁・本文デザイン	米倉 英弘（株式会社細山田デザイン事務所）

ISBN978-4-491-05449-0
Printed in Japan